Les humeurs d'une châtelaine anglaise

Deborah Devonshire

Les humeurs d'une châtelaine anglaise

Par la dernière des sœurs Mitford

Traduit de l'anglais et présenté
par Jean-Noël Liaut

Payot

Retrouvez l'ensemble des parutions des Éditions Payot & Rivages sur

www.payot-rivages.fr

NOTE DE L'ÉDITEUR

À l'exception de celui sur les bals costumés (préface au livre de Sophia Murphy *Duchess of Devonshire's Ball*, Londres, Sidgwick & Jackson, 1984), les textes rassemblés ici dans un ordre et sous des rubriques fixés par l'éditeur français en accord avec l'auteur ont paru d'abord dans la presse britannique. Mis à part ceux sur les maisons glaciales et les diadèmes, tous ont été repris, avec parfois quelques modifications, dans *Counting My Chickens... And Other Home Thoughts* (Ebrington, Long Barn Books, 2001).

106, bd Saint-Germain, Paris VIe.

PRÉSENTATION

Dans une même conversation, Deborah Devonshire peut vous parler de sa passion pour Elvis Presley, raconter les coulisses du couronnement d'Élisabeth II, évoquer le souvenir de son ami et parent John F. Kennedy et vous apprendre que le précieux tapis du Salon bleu a été envoyé en Turquie pour être nettoyé – il sera étendu en plein air dans les montagnes et en tombant la neige en retirera les impuretés... Autant dire que la mélancolie n'est jamais de mise en compagnie de cette octogénaire qui classe l'expression *safe sex* dans la catégorie des oxymores et pose, vêtue d'une robe de bal, en train de nourrir ses poules (la photo a fait le tour du monde). Cette fantaisie sans cesse en éveil caractérise tout ce qu'elle touche. Celle que sa famille et ses amis n'appellent que Debo écrit, s'occupe de ses différentes entreprises, crée des meubles de jardin, reçoit, voyage et milite en faveur de la chasse au renard avec le même charme contagieux. J'oubliais de rappeler à ses lecteurs français que la châtelaine de Chatsworth, le Versailles anglais, est la dernière représentante des six légendaires sœurs Mitford.

Pourquoi ce sextuor, véritable institution nationale en Grande-Bretagne, continue-t-il à fasciner aujourd'hui des millions de lecteurs à travers le globe ? La réponse est liée à l'extraordinaire singularité avec laquelle ces femmes ont vécu, alors que la plupart des gens mènent une existence avare en feux d'artifice, pour ne pas dire parfaitement insipide. Spirituelles et irrévérencieuses, belles et passionnées, elles furent de véritables héroïnes de roman et acceptèrent la tête haute de payer leurs rêves au prix fort – le prix du sang et de la tragédie. De Londres à Bayreuth, des banlieues ouvrières américaines aux salons du faubourg Saint-Germain, les sœurs Mitford furent irréductiblement elles-mêmes, au plus près de leurs idées et de leurs goûts, dans un tourbillon de coups de théâtre et aux côtés d'hommes ayant pour noms Winston Churchill – qui n'était autre que leur cousin –, Adolf Hitler, Evelyn Waugh ou Lucian Freud.

Tout commence à Batsford Park, Asthall Manor et Swinbrook House, trois grandes demeures en pleine campagne anglaise, non loin d'Oxford. David Mitford, baron Redesdale, et son épouse Sydney y élèvent successivement leurs six filles – Nancy, Pamela, Diana, Unity Walkyrie, Jessica et Deborah – et leur fils Tom*, dans une atmosphère pour le moins fantaisiste.

Nancy rappelle malicieusement qu'ils « paraissaient perpétuellement ébahis d'avoir peuplé tant de berceaux, et semblaient n'avoir aucune ligne de conduite précise au sujet de l'avenir de leurs

* Nancy (1904-1973) ; Pamela (1907-1994) ; Tom (1909-1945) ; Diana (1910-2003) ; Unity (1914-1948) ; Jessica (1917-1996) ; Deborah (1920).

occupants* ». Debo jette elle aussi un éclairage humoristique sur la question : « Nancy avait seize ans de plus que moi. Elle était donc ma marraine, en plus d'être ma sœur, car ma mère avait épuisé son stock d'amies, ayant eu tant de filles à placer ! » se souvient-elle aujourd'hui.

Manoirs à la campagne, présentation à la cour, *five o'clock teas*, courses d'Ascot, père propriétaire terrien et pair du royaume... À première vue, rien ne distinguait la tribu Mitford des autres familles de la gentry, si ce n'est la réelle originalité des membres qui la composaient. À commencer par le couple formé par David, à la fois cocasse, mélancolique et coléreux, et Sydney, patiente et détachée. La légende veut qu'un jour où Unity s'était précipitée dans le bureau où sa mère rédigeait son courrier en hurlant : « Maman ! maman ! Jessica est sur le toit. Elle dit qu'elle va se suicider ! », Lady Redesdale, imperturbable, ait répondu : « Oh ! pauvre canard, j'espère qu'elle ne fera rien d'aussi terrible... » avant de se replonger dans sa correspondance.

Ses théories médicales étaient également déconcertantes. Sydney fut convaincue toute sa vie que le corps humain n'avait nul besoin d'une aide extérieure, qu'il finirait toujours par triompher et que ses enfants pouvaient donc compter sur le miracle de la nature. Alors pourquoi s'encombrer de lunettes ? Et comment avait-on pu mettre au point une invention aussi effroyable que la vaccination ? « Injecter de dégoûtants germes morts ? Quelle horreur ! »

Sa fille Jessica, qui vécut jusqu'à l'âge de soixante-dix-huit ans, fut néanmoins la preuve indiscutable

* *La Poursuite de l'amour* [1945], Paris, 10/18, 1994, p. 19.

que ses principes n'étaient pas totalement infondés. Opérée de l'appendicite à une époque où le patient devait impérativement rester allongé des semaines entières, elle fut obligée de marcher dès son réveil, et sa mère lui interdit bien sûr tout calmant. Plus tard, lorsque la même Jessica se cassa le bras, Sydney ôta attelle et bandages, une fois le médecin parti, et organisa une séance de gymnastique frénétique. Rappelons que bien des années après, quand sa fille Nancy, qui venait de subir une hystérectomie, lui annonça que le chirurgien avait été contraint de retirer les deux ovaires, Lady Redesdale s'écria : « Les deux ? Mais je pensais qu'il y en avait par centaines, comme le caviar ! »

Cela étant posé, l'excentricité de Sydney – qui avait été l'une des petites muses de Lewis Carroll, l'auteur d'*Alice au pays des merveilles* – faisait pâle figure comparée à la flamboyance de ses cousins, le poète Swinburne et le philosophe et prix Nobel de littérature Bertrand Russel. Et que dire de son propre beau-père, Bertram Redesdale ? N'avait-il pas dessiné un jardin zen comprenant un pavillon japonais et un immense bouddha de bronze en plein cœur du Gloucestershire ? Diplomate et écrivain, cet homme qui fut l'un des deux premiers étrangers à pénétrer dans le palais du Mikado à Tokyo avait fait venir tout spécialement d'Asie des essences rares et des bambous inconnus des botanistes européens.

Les six sœurs Mitford n'eurent rien à envier à leurs parents et cousins. Imaginatives et fantaisistes, elles se forgèrent un monde bien à elles que les romans de Nancy et leurs volumes de mémoires firent passer à la postérité. Langage codé et usage immodéré des superlatifs, voix précieuse, surnoms divers et variés... N'avaient-elles pas rebaptisé leurs parents le PVM et la PVF, le Pauvre Vieux Mâle et la Pauvre Vieille Femelle ? Deborah était Nine pour Nancy. Elle l'appelait Nine (Neuf) en prétendant que sa plus jeune sœur avait neuf ans d'âge mental et continua à s'adresser à elle de cette manière bien après son mariage avec Andrew Devonshire, ce qui ne manquait pas de déconcerter les personnes ignorant les règles du jeu.

Les filles Mitford ne se déplaçaient jamais sans leur ménagerie au grand complet – un poney, des chiens, des oiseaux, une brebis, une chèvre, un rat, un serpent et une salamandre – et leurs parents ne pouvaient qu'acquiescer. La famille voyageait en train ou se rendait à la messe avec l'ensemble de leurs animaux de compagnie. Imaginez un instant cette lente et pittoresque procession jusqu'à l'église... Après que les bêtes avaient été attachées aux grilles du cimetière, leurs bêlements, aboiements et autres pépiements se mêlaient aux chants religieux entonnés par les paroissiens.

Les sœurs Mitford furent également célèbres pour avoir créé une société secrète, et le placard des Honorables appartient désormais à la légende. « Le lieu de réunion des Honorables était un placard à linge désaffecté qui se trouvait en haut de la maison. Il était petit, sombre et terriblement surchauffé, écrira Nancy des années plus tard. C'est là que nous venions nous asseoir et, serrés les uns contre les autres sur les rayons, nous parlions des heures durant de la vie et de la mort*. » Debo précise que ce n'était pas le placard des Honorables, ainsi que tout le monde le

* *Ibid.*, p. 24.

croit, mais le placard des Poules. Dans leur bouche, le mot *Hon* n'avait rien à voir avec *Honourable* – un titre, qui était le leur, placé devant le nom, en usage en Grande-Bretagne pour les enfants de certains pairs du royaume –, il s'agissait tout simplement de la déformation du mot *hen* (poule), désignant un de leurs animaux préférés.

Rien ne les intriguait plus que la sexualité sous toutes ses facettes, de la procréation à l'avortement en passant par les vieux satyres et la traite des Blanches. Dans leur cachette, elles essayaient tant bien que mal d'en savoir plus en lisant des romans ou des ouvrages consacrés à la vie animale. « Nous entrerons absolument ignorantes dans le lit de notre époux, comme les femmes de l'époque victorienne, et, au petit matin, on nous trouvera raides, les yeux révulsés par l'horreur ; et le reste de notre vie, nous le passerons dans un cabanon qui coûtera les yeux de la tête à la famille*. » Ainsi s'expriment Jassy et Victoria, ces héroïnes de Nancy Mitford qui ressemblent comme deux gouttes d'eau à Jessica et à Debo, pour déplorer leur impuissance devant tant de mystère.

Autre tradition « mitfordienne », la chasse aux enfants. David (Oncle Matthew dans les livres de Nancy) lâchait deux de ses filles en pleine nature en leur accordant une longueur d'avance, puis il les poursuivait à cheval avec ses chiens. Il va sans dire que de tels agissements choquaient le voisinage – aujourd'hui on accuserait Lord Redesdale d'être politiquement incorrect, ce qui ne manquerait pas de le faire éclater de rire. « Les gens [...] furent atterrés,

---

* Nancy Mitford, Paris, *L'Amour dans un climat froid* [1949], 10/18, 1994, p. 144.

en se rendant à l'église, par le spectacle de quatre énormes limiers donnant de la voix derrière deux petites filles. [Matthew] leur apparut comme un seigneur corrompu tiré d'un roman, et je fus [...] entourée d'une auréole de folie et de perversité, et jugée dangereuse et infréquentable pour leurs enfants », déclare la narratrice de *La Poursuite de l'amour**.

Je me souviens d'une conversation avec Diana et Deborah à Chatsworth en mars 2002. Je les avais interrogées sur cette fameuse chasse aux enfants.

« Nous nous serions battues pour servir de lièvre. On s'amusait follement dans le rôle du gibier ! s'exclama Diana.

– Oh ! Honks**, la vie est tellement injuste ! Lorsque j'ai enfin été en âge d'être chassée, les chiens étaient déjà morts ! » ajouta Debo.

À l'adolescence, les sœurs divisèrent définitivement l'opinion en deux camps irréconciliables : certains leur vouèrent un culte sans l'ombre d'une réticence, d'autres les désapprouvèrent furieusement. Il est vrai qu'ayant épuisé ou presque tous les charmes de la vie à la campagne, nos jeunes beautés s'étaient révoltées contre les carcans sociaux de leur milieu et avaient décidé de partir à la conquête du vaste monde avec la fougue qui les caractérisait depuis toujours. « Ma femme est normale, je suis normal et nos filles sont toutes plus folles les unes que les autres ! » constatait alors Lord Redesdale. Son épouse n'était guère plus rassurée : « Quand je vois dans le journal une manchette qui commence par les

* *Op. cit.*, p. 15.

** Surnom donné à Diana par Debo.

mots “La fille d’un pair”, je me demande quelle bêtise a encore commise l’une de mes filles », constatait-elle, plus ou moins résignée, à la même époque.

Des six filles Mitford, Unity Walkyrie et Jessica furent les plus radicales : la première embrassa la cause nazie par fascination pour Adolf Hitler et la seconde partit faire la guerre en Espagne aux côtés des Brigades internationales. Toutes deux vécurent leur époque avec passion et déraison, la politique les entraînant dans des tumultes sans fin. Dotées d’un don plus que certain pour défrayer la chronique – la presse leur consacra des pages entières au cours des années 1930 –, elles passèrent sans transition d’un univers tout droit sorti de l’imagination d’une comtesse de Ségur anglaise aux sphères communiste et fasciste. Le contexte idéologique de cette décennie tourmentée et contradictoire leur permit de se surpasser et elles laissèrent exploser leur extravagance sur la scène où se jouait une pièce appelée Histoire.

Le destin de Unity fut de loin le plus tragique. Captivée par les fastes des défilés du Troisième Reich, les cathédrales de lumière et ses conversations avec son ami Hitler, qu’elle accompagnait à Bayreuth ou aux rassemblements du parti, elle se consacra tout entière à la cause nazie. Fantasque et politiquement immature, la jeune fille adorait le Führer comme d’autres un acteur ou un sportif, mais son attachement était si profond et si absolu qu’elle ne supporta pas l’idée d’un conflit entre son pays natal et sa patrie d’adoption. C’est ainsi que, le 3 septembre 1939 à Munich, elle se tira une balle dans la tête en apprenant que la Grande-Bretagne venait de déclarer la guerre au Reich. Le projectile la blessa gravement sans pour autant la tuer, et les médecins déclarèrent forfait car une opération était impossible. Hitler, qui lui rendit visite à l'hôpital, lui demanda si elle préférait rester en Allemagne ou repartir pour l'Angleterre et elle émit le souhait de retrouver sa famille. Il mit donc un train à sa disposition pour qu'elle puisse gagner la Suisse. Lady Redesdale et Deborah vinrent l'y chercher à la fin de 1939.

Aujourd'hui encore, la duchesse de Devonshire se souvient avec beaucoup de tristesse de ce voyage de retour qui vira au cauchemar. Le cas Unity Mitford, débattu au sein même du gouvernement et du parlement, ulcérait la population et excitait la curiosité des journalistes, qui ne cessèrent de harceler les voyageurs. Personne ne mesurera jamais à quel point Debo fut bouleversée par cet épisode. Elle a vu dès son plus jeune âge sa famille détruite par la politique, et son humour extraordinaire est indissociable d'une profonde gravité, même si elle n'émet jamais la moindre plainte.

La guerre frappa de plein fouet la famille Mitford. Unity, qui n'était plus que l'ombre d'elle-même, survécut tant bien que mal dans un état pitoyable. Incapable d'affronter la dégradation de sa fille, Lord Redesdale préféra la laisser aux bons soins de son épouse, qui la prit en charge jusqu'à sa mort en 1948. Désormais, le couple vécut séparé.

Jessica devint veuve à l'âge de vingt-quatre ans, son mari ayant disparu en 1941 lors d'une mission pour la Royal Canadian Air Force. Diana fut séparée de ses quatre fils et emprisonnée pendant trois ans et demi – elle avait épousé en deuxièmes noces Oswald Mosley, le chef des fascistes anglais. Quant à Tom, le fils unique, il fut tué en Birmanie le 30 mars 1945.

La fin du conflit inaugura une nouvelle ère pour les Mitford, et seule Deborah resta en Angleterre. Jessica vivait aux États-Unis depuis les années 1930. Nancy et Diana s'installèrent en France. Pamela, qui s'était mariée, vêtue de noir, avec le célèbre physicien Derek Jackson, emménagea en Suisse. Debo, qui tenait à ne pas rompre les liens familiaux, rendait visite à toutes ses sœurs. Elle séjourna aussi bien chez Nancy, qui vivait dans l'un des quartiers les plus chics de Paris, que chez Jessica, au fin fond d'une banlieue ouvrière de Californie. L'appartement de la première, devenue un écrivain mondialement célèbre, fut très vite considéré comme une annexe de l'ambassade de Grande-Bretagne. Debo y croisa l'élite culturelle et mondaine qui s'y retrouvait pour savourer les propos spirituels d'une Nancy virevoltant dans les dernières créations de Dior, tandis qu'à la surprise des invités une petite poule se promenait en toute liberté d'une pièce à l'autre. L'animal lui avait été offert pour finir dans son assiette, mais elle n'avait pas eu le courage de prononcer la sentence de mort. Chaque soir, Nancy préparait pour sa pensionnaire un lit confortable dans le four de la cuisine, qui aurait dû servir à un tout autre usage... Debo savait néanmoins que derrière le charme et les mots d'esprit Nancy vivait un véritable supplice. Elle était tombée éperdument amoureuse du politicien Gaston Palewski, homme de confiance du général de Gaulle, qui voyait en elle une amie délicieuse et rien de plus.

Loin des conversations spirituelles et raffinées du faubourg Saint-Germain, Debo découvrit une tout autre atmosphère chez Jessica. Lorsque cette dernière donna un dîner en l'honneur de sa plus jeune sœur, n'y assistèrent que des amis communistes, des « camarades » presque tous noirs. Jessica ne perdit jamais les intonations chics de la voix Mitford et les présentations en furent d'autant plus savoureuses. X militait pour les droits des femmes, Y militait pour les droits des ouvriers, Z militait pour les droits des jeunes... De retour en Angleterre, Debo envoya à Jessica une photo où son mari et elle apparaissaient en tenue ducale. « Andrew et moi en train de militer », pouvait-on lire au dos.

Deborah avait en effet épousé Andrew Cavendish, fils cadet du dixième duc de Devonshire. Le mariage avait été célébré le 19 avril 1941 à Londres, sous les bombes. Le jeune homme, qu'elle avait rencontré sur un champ de courses, n'avait théoriquement que peu de chances de devenir duc, mais les décès prématurés de son frère aîné William en 1944 (il avait épousé Kathleen Kennedy, sœur du futur président des États-Unis) puis de son père en 1955, à l'âge de cinquante-cinq ans, changèrent la donne. Andrew hérita non seulement du titre de l'une des plus grandes familles du royaume mais aussi de tous ses biens, quoiqu'il ait dû payer de lourds droits de succession.

Le nouveau duc et son épouse mirent tout en œuvre pour sauver Chatsworth, la plus belle de toutes les demeures qu'ils possédaient désormais, et l'une des plus somptueuses d'Europe. Ils vendirent pour cela divers domaines et sociétés, ainsi que d'inestimables œuvres d'art – citons seulement *La Sainte Famille* de Rubens et l'un des plus beaux triptyques de Memling, aujourd'hui à la National Gallery. Mais le plus dur restait à faire : il fallait restaurer Chatsworth des caves aux greniers car les lieux étaient en piteux état. Les peintures s'effritaient, l'humidité rongeait la soie qui recouvrait les murs et les couches de poussière endommageaient les précieuses boiseries. La guerre n'avait fait qu'aggraver la situation. La demeure avait en effet accueilli dès 1939 plusieurs centaines d'écolières évacuées de Londres, et leur seule présence avait causé d'importants dégâts ; ainsi, la combinaison de leur haleine chaude et de l'air glacial ambiant avait fait pousser des champignons sur les tableaux !

Andrew Devonshire confia la supervision des travaux de restauration à Debo. Armée d'un mètre, d'une lampe torche et d'un trousseau de clefs, elle s'attela à la tâche avec une détermination qui ferait passer pour de l'anémie l'énergie déployée par Scarlett O'Hara pour sauver Tara. Le chantier dura des années car il fallut donner une nouvelle vie aux fresques des plafonds, aux sculptures et aux tapisseries, nettoyer les toiles de maîtres, rafraîchir les reliures de la bibliothèque et installer de nombreux sanitaires. Mais Debo ne s'arrêta pas en si bon chemin. Au fil des décennies, elle ouvrit des hôtels, des restaurants et des boutiques dont la réputation dépasse les frontières de l'Angleterre.

Face à ces triomphes personnels, la duchesse de Devonshire reste très humble et ignore les dangers de l'autosatisfaction – qui rend inévitablement stupide, vulgaire et stérile. Bien au contraire, cette femme pour qui la vie regorge d'intérêts et d'opportunités travaille plus que jamais à un âge où d'autres se reposent depuis déjà longtemps. Levée tous les jours à cinq heures, elle a le temps de rédiger son courrier, de corriger ses articles ou les épreuves de son dernier livre, de sortir nourrir ses poules, de répondre au téléphone à des amis partout dans le monde et de recevoir son coiffeur avant que ses invités n'aient ouvert l'œil.

Tant d'activités – car à ces débuts de matinée chargés s'ajoutent des journées émaillées de rendez-vous et de décisions à prendre – n'empêchent nullement Debo de compter parmi les hôtesses les plus recherchées de la planète. En fin de semaine, on croise à Chatsworth son ami le prince Charles, l'écrivain Paddy Leigh Fermor, le grand couturier Oscar de la Renta, un célèbre jockey, une mécène américaine, le décorateur David Mlinaric, un artiste dont elle collectionne les œuvres – comme Angela Conner, Elisabeth Frink ou Lucian Freud – et deux ou trois membres de sa famille. Deborah Devonshire est en effet toujours disponible pour ses trois enfants, ses huit petits-enfants et ses dix arrière-petits-enfants.

La maîtresse des lieux veille personnellement à chaque détail et ménage toujours des surprises à ses invités. Un jour à l'heure du dîner, ils découvrirent ainsi, au beau milieu de la table, un enclos de verre où évoluaient de précieuses petites poules. L'une d'elles, très à l'aise, pondit même un œuf devant une convive médusée. Debo pensait à juste titre que cela changerait un peu des traditionnelles décorations florales.

Devenue veuve, et donc duchesse douairière, il lui faut quitter Chatsworth, mais c'est pour s'installer à quelques kilomètres seulement dans une maison ravissante tout droit sortie des pages d'un roman de Jane Austen. Elle laisse à son fils Peregrine, douzième duc de Devonshire, un empire commercial florissant et la plus célèbre des demeures historiques de Grande-Bretagne*. Nul doute que les trésors d'expérience et de sagesse qu'elle a accumulés depuis plus de cinquante ans ne resteront pas longtemps inexploités dans sa nouvelle vie.

Jean-Noël LIAUT.

---

* Voir : www.chatsworth.org

PROLOGUE

Un enfant de neuf ans reçoit pour Noël un carnet afin qu'il commence un journal intime. Il le tient fidèlement, du moins jusqu'au 10 janvier. Écrite le jour de l'an, la première phrase est la suivante : « Me suis levé, habillé, ai pris petit déjeuner. » La première phrase d'un livre est un problème bien différent, un vrai casse-tête. J'ai beaucoup réfléchi à la question. Il y a des années, j'ai demandé conseil à ma sœur Jessica. Elle m'a répondu qu'en Amérique on payait pour apprendre à commencer un livre et à devenir un auteur célèbre. On vous dit d'écrire d'abord « Le » sur un bout de papier, puis d'ajouter quelques mots, de poursuivre sans vous arrêter, et voilà, vous avez démarré, le reste suivra facilement. Cela ne semble pas très efficace. Essayez donc. Ainsi, planté devant votre page blanche, le cœur plein d'espoir, vous pensez à la façon dont les autres s'en tirent. « J'ai possédé une ferme en Afrique* » m'est revenu en mémoire

* Il s'agit là des premiers mots de *La Ferme africaine* de Karen Blixen (1937). *(N.d.T.)*

dernièrement. Je ne sais pourquoi, mais « J'ai possédé une ferme dans le Derbyshire » ne sonne pas aussi bien, et de toute façon cela serait un mensonge car en Angleterre les fermes appartiennent rarement à des femmes. Après avoir échoué avec « Le », essayez « Et ». « Et il advint que... » est trop affecté, on ne peut continuer dans ce style biblique. Tout semble si facile quand on ouvre un livre pour en découvrir les premiers mots : ils sont couchés par écrit avec les mêmes caractères que le reste du texte, comme si cela n'avait jamais posé aucune difficulté à l'auteur, la deuxième phrase découlant de la première comme quatorze heures succède naturellement à treize heures. Croyez-moi, l'écrivain a souffert pour parvenir à un tel résultat. Il y a tant d'ouvrages publiés chaque année que les incipit doivent ajouter grandement au degré d'anxiété d'une race déjà très angoissée.

La tribu Mitford

La tribu Mitford en 1922. (© D.R.)

Nancy et Deborah en 1923 :
seize ans entre l'aînée et la cadette. (© D.R.)

Il est étrange de regarder à la télévision un film évoquant vos proches d'après des ouvrages écrits il y a près d'un demi-siècle*. Je suppose que la famille royale et des hommes politiques comme Bush ou Peter Mandelson**, dont les ancêtres ont joué un rôle dans la vie publique, y sont sans cesse confrontés. Mais pour le commun des mortels, cela laisse une impression bizarre, comme l'a fait aussi la lecture des critiques consacrées audit téléfilm.

L'article de Mr Paul Hoggart dans le *Times* m'a peinée. Je ne connais pas l'orientation politique de ce monsieur, mais son résumé lugubre de ce qui était censé être une comédie enlevée

---

* Deux romans de Nancy Mitford, *La Poursuite de l'amour* (1945) et *L'Amour dans un climat froid* (1949), *op. cit. (N.d.T.)*

** Parlementaire travailliste nommé en 2004 à la Commission européenne. Son grand-père, Herbert Morrison, fut ministre de l'Intérieur dans le gouvernement de coalition de Winston Churchill pendant la Deuxième Guerre mondiale. *(N.d.T.)*

m'a rappelé l'univers des amis communistes de ma sœur Jessica, il y a des années de cela. Ils étaient incapables de s'amuser, n'avaient jamais vraiment ri de rien, et passer du temps en leur compagnie était extrêmement déprimant. Jessica, elle, voyait mieux que quiconque le côté comique des choses, mais ses amis d'extrême gauche ne retenaient que les aspects les plus sombres de l'existence, tout comme semble bien le faire Mr Hoggart.

Il désapprouve d'un ton coincé cette distraction de mon père consistant à chasser mes sœurs avec ses chiens *dans le seul but de se distraire*. Quel autre motif aurait pu le pousser à agir de la sorte ? Malheureusement, on me trouvait trop jeune pour jouer les gibiers, et lorsque je fus en âge d'être chassée, les limiers avaient disparu. Je sais que, pour des raisons connues d'elles seules, des personnes peu judicieuses sont contre la chasse au renard, mais les enfants ne constituent-ils pas une proie bien plus équitable ?

Hoggart reproche également à ma mère sa réaction en découvrant son nouveau-né, absolument hideux. Je me demande si, dans sa tour d'ivoire, le critique a déjà vu un nouveau-né. Puis il vise Nancy et poursuit en déclarant qu'« elle nous présente une galerie de monstres ». Un autre journaliste affirme que nous étions « à la limite de la folie ». Mon Dieu, des monstres et des fous ! Mais peu importe.

Les lettres de ma sœur Nancy ont été publiées – une partie seulement, devrais-je dire, car nous en avons des milliers ici à Chatsworth. Nous les entreposons dans des boîtes en carton pourvues de trous afin qu'elles puissent respirer. Chaque fois que je passe devant l'une de ces piles de boîtes, qui contiennent toutes les descriptions possibles et imaginables depuis les années 1950, j'espère toujours qu'il s'agit d'un envoi de poussins : autrefois, ils voyageaient en train dans le fourgon de queue à l'intérieur de boîtes en tout point semblables. Elles sont conformes à ce que les Américains appellent « Conditions d'archivage optimales ». J'ignore si elles sont parfaites pour la conservation, mais je sais que la correspondance de Nancy constitue certainement des « Archives d'une drôlerie optimale ». Son écriture était soignée et elle avait le don de terminer sa lettre à point, ce qui fait que « Avec l'amour de... » se retrouvait toujours en bas de page. Il est difficile de réussir un tel exploit en restant cohérent, et pourtant ma sœur l'était imperturbablement. Je ne suis pas la seule à dire qu'elle était suprêmement divertissante, sur le papier comme dans la vie : mon père et Nancy valaient à eux seuls tous les numéros de music-hall.

Sa correspondance est aussi amusante que ses livres. Que penserait un psychiatre de ses plaisanteries ? Elle m'appelait Nine (neuf) car elle prétendait que j'avais neuf ans d'âge mental. J'imagine qu'elle avait raison, mais j'étais déconcertée lorsqu'elle me présentait à ses amis français de la haute société comme « ma petite sœur qui a neuf ans », et ce bien après mon mariage.

Certaines des lettres échangées entre Evelyn Waugh* et Nancy ont été lues avec talent à la radio par Timothy West et Prunella Scales, et tout en les écoutant j'ai repensé à la générosité d'Evelyn, qui se trouvait à Paris après la Libération. (Pourquoi était-il là-bas ? Il faisait peut-être partie des libérateurs... Je ne m'en souviens plus.) Il m'offrit un chapeau qu'il avait essayé lui-même chez la modiste parisienne afin de ne pas se tromper. Il ne me dit pas ce qu'elle avait pensé de son geste, mais les Français sont doués dès qu'il s'agit de faire des affaires, et une vente reste une vente, quelles que soient les circonstances. La vendeuse fut sans nul doute ravie et en a probablement conclu que tous les soldats anglais portaient des chapeaux de femme quand ils n'étaient pas en service. Il s'agissait d'un feutre blanc gansé de paille bleue sur lequel étaient perchés deux petits oiseaux naturalisés. Fort heureusement, les défenseurs des droits des animaux n'étaient pas encore nés, sinon Evelyn aurait été lynché pour avoir acheté un tel couvre-chef, et moi pour l'avoir porté.

L'époque de ces chapeaux est révolue et c'est bien triste. Dans cinquante ans, le cadeau de

---

* Evelyn Waugh (1903-1966), considéré comme l'un des plus grands écrivains britanniques du XXe siècle, fut l'ami intime de trois des sœurs Mitford : Nancy, Diana et Deborah. *(N.d.T.)*

Waugh sera peut-être vénéré comme un petit bout de patrimoine, un véritable document historique, tels une petite voiture de collection Dinky Toy ou un ticket de bus de l'année 1945. Qui sait, il pourrait même trouver un foyer au V & A*, au beau milieu de ce fourbi.

Les lettres de Nancy décrivent d'ailleurs souvent des vêtements. Quand Dior inventa le new-look en 1947, ma belle-mère Moucher Devonshire et son amie la duchesse de Rutland, venues à Paris pour des motifs moins frivoles, voulurent voir la collection. Elles arrivèrent avenue Montaigne vêtues des manteaux de tweed qu'elles avaient portés pendant les années de guerre et chaussées de souliers qui avaient connu des jours meilleurs. On ne les laissa pas entrer. D'une nature humble, les deux duchesses furent déçues mais pas le moins du monde surprises. Elles s'assirent sur un banc pour manger leurs sandwiches et passer le temps jusqu'à ce qu'elles puissent décemment retourner à l'ambassade de Grande-Bretagne, où elles séjournaient.

* Le Victoria & Albert Museum abrite de précieuses collections de vêtements. *(N.d.T.)*

Mon enfance semble appartenir à un autre monde. Certains pensent que nous avons reçu une étrange éducation, mais à nous elle paraissait tout à fait normale – les enfants acceptent les situations telles qu'elles se présentent à eux.

Je suis née en 1920 dans la maison de mes parents à Londres. J'étais la cadette d'une famille de sept enfants, six filles et un garçon. Ma sœur aînée, Nancy, avait seize ans lors de ma naissance ; suivaient Pamela, Tom, Diana, Unity et Jessica.

Le souhait le plus cher de ma mère était de fonder une grande famille de garçons, et chaque fois qu'elle mettait au monde une nouvelle fille, elle était vivement contrariée. Nancy me disait toujours avec jubilation que la tristesse avait envahi la maison à l'annonce de ma naissance.

J'ai vécu jusqu'à l'âge de six ans dans le manoir élisabéthain d'Asthall, dans la belle vallée des Cotswold traversée par la rivière Windrush. Il y a quelques années, lorsque la maison fut mise en vente, l'agent immobilier nous y emmena mon mari et moi. Je n'y étais retournée qu'une seule fois depuis que mes parents l'avaient quittée pour emménager à Swinbrook, soixante-dix ans auparavant. J'ai éprouvé une sensation étrange en traversant ces pièces vides et en me souvenant de tous les gens qui y avaient vécu entre 1919 et 1926 : les sept enfants, Nanny*, une bonne d'enfants, une préceptrice pour les filles les plus âgées, Mabel et son aide à l'office, Annie (la femme de chambre en chef) et les deux jeunes filles travaillant sous ses ordres, la cuisinière et la fille de cuisine, sans oublier bien sûr mon père et ma mère. Ainsi entourés, nous avions des vies rassurantes et réglées comme une horloge. Nos parents étaient toujours à nos côtés, tout comme notre Nanny adorée, embauchée lorsque Diana avait trois mois et qui devait demeurer dans la famille pendant quarante ans.

« La grange », transformée par mon père et séparée du corps de bâtiment principal, était un havre pour Nancy, Pam, Tom et Diana. Ils y disposaient de l'excellente bibliothèque de notre grand-père (Nancy et Diana disaient toujours qu'elles lui devaient leur amour de la littérature). La musique était la grande passion de mon frère, et son piano était installé dans cette vaste grange.

Notre nursery donnait sur le cimetière attenant à l'église, et l'on interdisait aux plus jeunes

---

* Nanny Blor, de son vrai nom Laura Dicks. *(N.d.T.)*

d'assister aux enterrements depuis les fenêtres, ce qui bien sûr les rendait encore plus fascinants. Il n'était donc pas question d'obéir. Un jour, Jessica et moi sommes tombées dans une tombe fraîchement creusée, à la grande joie de Nancy qui déclara que cela nous porterait malheur pour le restant de nos jours.

Nos animaux étaient aussi importants pour nous que les êtres humains qui vivaient dans la maison. Nos compagnons étaient des souris, des cochons d'Inde, un rat pie appartenant à Unity, des poules et une chèvre. Les bêtes de grande taille à la ferme et dans les écuries, le jardin qui paraissait immense pour un jeune enfant, le village en contrebas de l'église, le bureau de poste où l'on vendait des bonbons acidulés enveloppés dans une feuille de papier journal et pesés sur la balance en cuivre utilisée pour les lettres (un penny et demi pour un quart de livre) : tel était notre monde. Nous n'en connaissions pas d'autre.

Nancy a longuement parlé de notre enfance dans *La Poursuite de l'amour* et *L'Amour dans un climat froid* qui, à sa grande surprise, devinrent des best-sellers.

Les gens me demandent toujours :

« Votre père ressemblait-il vraiment au personnage d'Oncle Matthew dans les romans de votre sœur ? »

Il lui ressemblait, et de bien des façons. Ses colères pouvaient être terrifiantes et il nous inspirait assurément un respect mêlé de crainte, mais en même temps il était merveilleusement drôle et à l'origine de toutes les plaisanteries de la famille. Le duo qu'il formait avec Nancy était irrésistible, je n'ai jamais rien vu de mieux sur scène.

Le fait que l'on ne pouvait jamais anticiper ses réactions rendait toutes choses très excitantes, et nous nous amusions à le provoquer pour voir jusqu'où nous oserions aller avant qu'il ne se mette vraiment en colère.

Il chassait mes sœurs aînées avec ses limiers, ce qui surprenait le voisinage. Il était ponctuel à la seconde près. S'il attendait quelqu'un pour treize heures, il commençait à regarder sa montre six minutes plus tôt et, furieux, s'exclamait :

« Dans sept minutes, ce satané bonhomme sera en retard ! »

À Londres, il faisait toutes ses courses dans les magasins de l'armée et de la marine et s'y rendait bien avant l'ouverture des portes. Ma mère lui demanda un jour pourquoi il arrivait si tôt ; il lui répondit que plus tard il aurait été gêné dans ses mouvements par des femmes « aux silhouettes incommodantes ».

Mon père n'avait aucun don pour les affaires, et dès qu'il se lançait dans quelque chose, cela semblait toujours être une cause perdue d'avance. Il fut l'un des premiers à participer à la grande ruée vers l'or au Canada dans les années 1920, mais les terrains sur lesquels il misa furent les seuls à ne pas livrer d'or à des kilomètres à la ronde.

À cause de cette mauvaise fortune venue s'ajouter à d'autres aventures similaires, à cause aussi de la crise des années 1930, nous avons vécu dans des maisons de plus en plus petites. En grandissant, je fus soulagée de constater que nous n'avions plus assez de place pour recevoir tous ces jeunes gens qui fréquentaient mes sœurs aînées. Je plaignais en effet ces pauvres garçons qui en arrivant ne se doutaient pas de ce qui les attendait chez les Mitford. C'est ainsi, par exemple, qu'un jeune ami fut chassé de la maison sous la neige, car lorsqu'il s'était penché pour ramasser quelque chose destiné à mon père, un peigne s'était échappé de sa poche. Un homme portant un peigne sur lui ! Il s'agissait de James Lees-Milne*, l'écrivain distingué, alors âgé de dix-neuf ans. Malgré ce traitement étrange, il devait rester notre ami à tous jusqu'à sa mort.

Mes parents détestaient la vie mondaine. Je ne me souviens pas être allée déjeuner ou dîner à l'extérieur en leur compagnie, et il vint peu de gens à la maison jusqu'à ce que mes sœurs deviennent adolescentes. Je suppose que ma mère était trop absorbée par la vie quotidienne et par tant d'enfants, mais mon père, lui, devait se rendre régulièrement à Londres. À la Chambre des lords, il était président de la Commission de

* 1908-1997. Biographe, romancier et diariste. *(N.d.T.)*

l'assainissement. Il en revenait avec des histoires très divertissantes sur les autres pairs – ils étaient encore plus originaux qu'ils ne le sont aujourd'hui.

Étant la plus jeune, et souvent la favorite de mon père, j'ai très vite compris que pleurer me permettait presque toujours d'obtenir ce que je voulais et de faire passer un mauvais quart d'heure à ceux qui m'avaient fait des misères. Néanmoins, être la cadette n'avait pas que des avantages. Je ne portais jamais rien de neuf car j'héritais systématiquement des horribles vêtements raccourcis de mes sœurs. En outre, c'est à moi qu'on donnait le moins d'argent de poche. Ma sœur Unity, que l'on surnommait Bobo, recevait une somme bien plus importante que ne le justifiait son âge, parce que, prétendait ma mère, elle aimait plus l'argent que les autres. C'est ainsi que nous avons pris l'habitude de crier en chœur : C'EST INJUSTE ! Nous employions cette expression pour tout et pour rien.

« C'est injuste, Bobo a un rat et un tas d'argent, et moi je n'ai rien ! »

Mais comme tout est injuste dans la vie, mieux vaut le comprendre le plus tôt possible.

Ma mère avait des théories peu communes sur la santé. Nous avons été élevés selon les principes de la tradition hébraïque – laquelle était certainement d'une grande sagesse sous le ciel d'Israël avant l'invention des réfrigérateurs, mais ne s'imposait guère dans l'Oxfordshire. On nous interdisait donc de consommer du lapin, du lièvre, du porc et des fruits de mer.

Bien sûr, mon père pouvait manger ce qui lui plaisait et nous rêvions des saucisses qu'il prenait au petit déjeuner et du jambon couvert de sucre caramélisé qui apparaissait les jours de chasse. De temps à autre, Mabel risquait le tout pour le tout et nous laissait terminer ce qui revenait de la salle à manger ; alors nous dansions à travers l'office avec un délicieux bout de saucisse dont la graisse se figeait peu à peu.

Ma mère n'avait aucune confiance dans les médecins. Selon elle, il suffisait de laisser faire la nature et ce Bon Vieux Corps guérirait tout seul. Si nous étions malades, elle faisait appel à une masseuse. Nos amis nous enviaient : non seulement on ne nous obligeait pas à prendre des médicaments mais on nous les interdisait carrément, qu'il s'agisse du remède miracle pour toutes les maladies infantiles, le sirop de figues, ou de la détestable huile de ricin.

La fait que nous allions ou non aux toilettes n'intéressait nullement notre mère. Elle savait que tôt ou tard nous finirions bien par y aller, et même si c'était tard, eh bien tant pis. Ce Bon Vieux Corps finirait toujours par remplir ses fonctions. Et elle ne nous forçait jamais à manger si nous n'en avions pas envie. C'était rare à l'époque, et je lui en suis toujours reconnaissante. Je pense qu'obliger des enfants à manger ce qu'ils n'aiment pas ou à finir quelque chose dont ils ne veulent plus est le comble de la cruauté.

Elle acceptait, même si c'était plutôt à contrecœur, toutes nos lubies en matière de nourriture. Pendant deux ans, Bobo n'a presque rien mangé d'autre que de la purée de pommes de terre. Moi j'avais une passion pour la sauce à base de mie de pain que l'on me servait à chaque repas, et pour le Bovril* étalé sur du pain beurré. Ma mère essayait vainement de m'en dégoûter en me répétant qu'on le fabriquait à partir de sabots de vieux chevaux. Je suppose que j'étais l'équivalent des enfants d'aujourd'hui qui n'aiment que les frites et les glaces.

Lorsque Jessica eut une crise d'appendicite aiguë, ma mère admit tout de même que l'appendice devait être retiré. L'opération se déroula sur la table de la nursery. Personne ne pensait à l'époque qu'une intervention chirurgicale à la maison posait le moindre problème. Nous étions tous un peu jaloux de l'attention accordée à notre sœur, et l'on entendit une cascade de C'EST INJUSTE ! à travers la maison lorsqu'on lui remit son appendice dans un bocal.

Nous n'allions pas à l'école. Mon père désapprouvait l'idée que les filles fassent des études. Mon frère, lui, devait bénéficier d'un parcours académique traditionnel, cela va sans dire, mais

* Équivalent anglais du Viandox. *(N.d.T.)*

ses sœurs, pas question ! Mon père ne s'opposa quand même pas à ce que nous apprenions à lire et à écrire, mais c'est ma mère qui dut se charger de nous alphabétiser. Contrairement à son époux, elle souhaitait que ses filles reçoivent une éducation plus poussée. N'ayant pas d'argent pour cela, elle se lança dans l'élevage des poules. Elle en tirait un bénéfice maigre mais régulier, ce qui lui permettait de payer une préceptrice.

Je regrette d'avoir à dire que nous n'avons pas eu affaire à une seule gouvernante mais à une succession de malheureuses femmes. Nous étions parfaitement infectes avec elles et rendions leur vie intolérable, aussi finissaient-elles toutes par s'en aller. Mes sœurs en avaient déjà vu défiler un bon nombre avant que je fasse mon entrée en scène.

Certes nous étions odieuses avec elles, mais il faut bien avouer que certaines étaient vraiment très bizarres. Miss Pratt, par exemple, n'aimait que les jeux de cartes, alors nous jouions au *racing demon* de 9 heures à 10 h 30, puis, après une pause d'une demi-heure, nous nous y remettions jusqu'à midi. Quant à Miss Dell, elle nous encourageait dans l'art difficile du vol à l'étalage.

Aucune d'entre nous n'a jamais passé un quelconque examen. Nous avons donc échappé au supplice que subissent désormais les enfants. De toute façon, j'aurais certainement échoué à chaque fois.

Au cours de toutes ces années, mon meilleur ami fut notre vieux palefrenier, Hooper. Dès que l'on ne m'obligeait pas à faire quelque chose, je passais mon temps à l'écurie. Hooper et moi nous comprenions parfaitement, et c'était tout aussi bien parce qu'il avait un caractère épouvantable dû aux terribles épreuves qu'il avait traversées pendant la Grande Guerre (mais cela je ne l'ai appris que beaucoup plus tard).

Aujourd'hui, on jugerait irresponsables des parents capables de laisser leur gamin de dix ans en compagnie d'un homme aussi bizarre. Quand Bobo faisait quelque chose qui déplaisait à Hooper, il lui lançait :

« Je vais t'emmener dans la forêt et te régler ton compte. »

Mais bien sûr il ne le faisait pas. Ce drôle de personnage était pour moi le prolongement humain des chevaux et des poneys que j'adorais tant, et les écuries étaient mon paradis, tout comme les bois alentour et la petite route qui n'est toujours pas goudronnée.

Mes sœurs avaient toutes de très fortes personnalités et elles étaient très différentes les unes des autres ; pourtant nous avons toujours gardé des liens très forts, et ce malgré les divergences politiques de l'âge adulte.

Nancy pratiquait l'art de la taquinerie à grande échelle, et comme elle était l'aînée, les plus jeunes ne manquaient pas de la croire. On ne s'ennuyait jamais lorsqu'elle était dans les parages. Une fois, ma mère nous a demandé comment nous répartirions nos dépenses si nous devions vivre loin de la maison avec une somme bien définie – je crois qu'il s'agissait de trois cents livres sterling pour l'année. Nous avons étudié la situation sous tous les angles avant de lui répondre par écrit, mais Nancy termina bien avant nous. Elle avait juste noté :

Fleurs : 299 livres
Tout le reste : 1 livre

On n'aurait pu imaginer plus différente de Nancy que ma deuxième sœur, Pamela. Toute à ses activités campagnardes, elle adorait les animaux, le jardinage et surtout la cuisine. C'était la Marthe* de la famille.

Mon frère Tom, le troisième enfant, était adoré à la fois de ses parents et de ses sœurs. Je l'ai très peu connu, il me semblait toujours à l'école, loin de la maison. Avocat et musicien, il fut tué en Birmanie à la fin de la guerre. Mes parents ne se remirent jamais de cette tragédie.

Diana était la plus intelligente de la famille, et si belle à regarder ! Ce fut une beauté durant toute sa longue vie.

Après elle était née Unity, drôle, loyale, courageuse et excessive dans tous les sens du terme. Elle mourut à l'âge de trente-quatre ans.

---

* Allusion à sainte Marthe, sœur de Lazare. Elle offrit l'hospitalité à Jésus et devint le symbole de toutes les vertus domestiques. *(N.d.T.)*

Jessica, qui occupait la sixième position dans notre fratrie, était la favorite aux cheveux bouclés de Nanny. Mais c'était surtout ma compagne adorée et mon alliée lorsque les autres me tourmentaient. Elle vécut en Amérique et se battit bec et ongles pour défendre les opprimés. Tout comme Nancy, elle jouit d'une certaine réputation en tant qu'écrivain. Enfant, elle rêvait d'une vie aux antipodes de celle qui était la sienne. Son argent de poche et les étrennes versées par nos oncles à Noël allaient directement dans son Fonds d'évasion. Son but était de s'installer à Londres dans une chambre meublée de l'East End. Comme elle était très déterminée, elle finit par prendre la fuite pour de bon en 1936.

Lorsque nous avons découvert qu'elle était partie se battre aux côtés des communistes en Espagne, Nanny fit ce seul commentaire :

« Mais elle n'a pas emporté de vêtements pour combattre ! »

Nanny était véritablement une sainte. Je ne l'ai jamais vue de mauvaise humeur ni entendue dire une méchanceté à quiconque. Mais elle ne chantait jamais nos louanges et guettait le moindre signe de vanité chez mes sœurs.

« Oh ! Nanny, je ne peux aller à cette soirée dans une robe aussi affreuse, soupirait l'une d'elles.

– Ne te fais pas de souci, chérie. Personne ne va te regarder. »

Elle poussa le bouchon un peu loin en répétant la même chose lorsque Diana, âgée de dix-huit ans et renversante de beauté dans sa robe de mariée, lui dit :

« Oh ! Nanny, cette agrafe et cet œillet ne tiennent pas. Cela va être affreux !

– Ne te fais pas de souci, chérie. Qui va te regarder ? »

Les seules vacances que nous ayons jamais passées hors de chez nous se sont déroulées chez la sœur de Nanny, dont le mari tenait une quincaillerie dans la rue principale de Hastings. L'odeur merveilleuse de paraffine et de cire, les beaux balais qui pendaient au plafond et la mer glaciale et grise – on nous donnait un biscuit en guise de récompense lorsque nous sortions de l'eau –, tout cela était charmant, d'une certaine manière, mais comme nous n'avions pu emmener les poneys, les chèvres, les rats, les souris, les cochons d'Inde et les chiens, il me semblait que je venais de gâcher quinze jours de ma vie.

Dans les années 1930, mes parents achetèrent une petite île au large de l'Écosse. Elle s'appelait Inchkenneth et se dressait à moins de deux kilomètres d'une autre île, Mull, et du petit village de Gribun. À l'ouest, il n'y avait plus aucune terre jusqu'en Amérique. C'était un endroit magnifique et romantique à souhait, et par beau temps il y régnait cette sérénité dont on peut seulement profiter en des lieux difficiles d'accès et vierges de toute vie humaine.

Le temps y jouait un rôle prépondérant. On n'en finissait pas de consulter le baromètre et d'écouter chaque bulletin météo de la BBC car, sans vraiment donner de signes avant-coureurs, la mer pouvait devenir très houleuse dans l'étroit canal qui nous séparait de l'île de Mull et nous étions souvent coupés du monde plusieurs jours d'affilée. Pour cette raison, on devait pouvoir se procurer sur Inchkenneth même tout ce qui était indispensable à la vie quotidienne, mais également quelques douceurs. Il y avait un jardin potager clos de murs qui au XVIIIe siècle avait accueilli Samuel Johnson* alors qu'il visitait les Hébrides. Nous faisions pousser de l'avoine et des pommes de terre dans un petit champ, nous pêchions des maquereaux à la traîne, et lors des marées de printemps nous pouvions même ramasser des huîtres et des moules. Nous élevions des poulets et des canards, ce qui fait que nous ne manquions jamais d'œufs. Parmi les animaux de la ferme, on comptait également des moutons et des vaches qui broutaient sur la colline.

Notre but était bien sûr de n'être jamais à court de lait, mais le problème du vêlage était épineux car chaque vache devait nager jusqu'à Gribun pour rendre visite au taureau. On lui faisait gravir un rocher et à marée haute on la poussait de toutes nos forces dans l'eau. Le bateau partait aussitôt et l'on remorquait l'animal en fixant une corde à ses cornes. Mais bien souvent, le vent se mettait à souffler en tempête et nous devions attendre trois semaines avant de pouvoir recommencer la manœuvre.

Des accouplements aussi hasardeux pouvaient avoir de lourdes conséquences. Un été, alors que la maison était pleine de visiteurs et d'enfants, les vaches ne donnèrent pas une seule goutte de lait. Ma mère décida alors d'acheter une chèvre. Elle trouva une british saanen au pedigree douteux et me l'offrit. Elle s'appelait Narny et se

* 1709-1784. Écrivain et moraliste anglais. Son *Dictionnaire de la langue anglaise* est à l'origine de la lexicographie moderne. *(N.d.T.)*

révéla la plus charmante des bêtes ; tout le monde l'aima dès le départ. Elle se promenait en liberté et prit bientôt l'habitude de sautiller jusqu'à la porte extérieure de la cuisine pour la traite – on ne pouvait rêver lait plus frais. Ma mère ne tarda pas à acquérir d'autres british saanens, massives et paisibles, qui donnèrent un lait merveilleux.

J'étais à Inchkenneth lorsque la guerre fut déclarée en septembre 1939, et j'ai dû repartir pour l'Oxfordshire. Naturellement, il était hors de question que j'abandonne ma chèvre. C'est ainsi que je me suis mise en route avec Narny, un whippet et un labrador pour un voyage qui, à l'époque, durait vingt-quatre heures.

Lorsque nous avons quitté l'île à 6 h 30 du matin, elle était toujours plongée dans l'obscurité. À marée basse, on devait marcher longtemps entre des rochers couverts d'algues pour rejoindre le bateau et l'on glissait souvent dans les flaques. Trempés, voire écorchés, nous devions de nouveau progresser péniblement sur la côte de Mull jusqu'à la cabane en tôle ondulée où l'on gardait la voiture. Parfois, le véhicule refusait obstinément de démarrer et nous étions alors au supplice. Nous ne disposions d'aucun autre moyen de transport. Dix-huit kilomètres nous séparaient encore de l'embarcadère pour l'Écosse et il n'y avait qu'une liaison par jour.

Mais ce matin-là notre véhicule nous donna satisfaction et ma chèvre voyagea dans la vieille remorque à bagages branlante, protégée de la pluie battante par une bâche.

Le bateau-poste était tout à fait équipé pour accueillir des animaux. À l'époque, lui seul transportait aussi bien le bétail que les humains ; on pouvait confier n'importe quoi au personnel de bord sans jamais avoir de mauvaise surprise à l'arrivée, et cela allait d'un carnet de timbres à un taureau.

J'ai débarqué à Oban, sur la côte écossaise, au bout de trois heures de traversée, mais ensuite il m'a fallu patienter une longue journée car le train pour Londres ne partait que le soir. Après quelques semaines sur l'île, il était toujours excitant de faire à nouveau les magasins. Chèvre et chiens m'ont suivie respectueusement. Un marchand de légumes et un boucher les ont nourris généreusement.

Il faisait nuit lorsque l'heure est venue de nous rendre à la gare, à l'autre bout du port. On a installé la chèvre dans le fourgon de queue, les chiens m'ont accompagnée dans le compartiment, et nous nous sommes installés pour affronter l'un de ces voyages interminables des temps de guerre – lumière blafarde et train bondé.

En pleine nuit, nous sommes arrivés à Stirling où nous devions changer de train. J'ai trait la chèvre dans le salon d'attente des premières classes, ce que je n'aurais pas dû faire étant donné que je n'avais qu'un billet de troisième classe. Par bonheur, personne n'a rien dit et les chiens ont été enchantés de boire du lait frais.

Il y avait une longue queue à la station de taxis de Euston, et j'étais assez inquiète à l'idée de tomber sur un chauffeur peu disposé à prendre un aussi curieux assortiment de passagers ; fort heureusement, c'est l'un de ces joyeux cockneys que rien ne désarçonne qui s'est présenté ; notre quatuor est arrivé sans encombre chez ma sœur Nancy, et je n'eus à débourser qu'un supplément de neuf pence.

Nancy vivait dans Blomfield Road et disposait d'un jardin relativement grand, aussi Narny n'a-t-elle pas tardé à se régaler de roses. Au bout de deux heures, il n'y avait plus rien à tailler avant très longtemps. Tous les propriétaires de chèvres et de jardins me comprendront.

Narny a vécu longtemps. Elle a donné naissance chaque année à des jumeaux et produit une quantité prodigieuse de lait. Mais surtout, elle a eu une conduite exemplaire lors de ce voyage entre les Hébrides et Kingham, et cela je ne l'ai jamais oublié.

À l'église d'Edensor, tandis que les paroles mystérieuses et oniriques du Livre de prières de 1662 flottaient dans l'air, je me suis surprise à repenser aux églises de mon enfance, notamment celle de Swinbrook, dans l'Oxfordshire, car l'on y priait en cette même langue magnifique.

À Swinbrook, les bancs de chêne n'ont pas la même texture au toucher qu'à Edensor ; ils n'ont pas non plus la même odeur ni le même goût (j'imagine que sous prétexte de prier pour leur cochon d'Inde tous les enfants lèchent les bancs d'église). Ils ont été choisis par mon père. Celui-ci les a payés avec l'argent gagné en pariant sur un cheval qui avait remporté plusieurs fois le Grand National. Il voulait d'ailleurs qu'une tête de cheval soit sculptée aux deux extrémités de chaque banc, mais l'évêque a refusé car cela lui semblait trop frivole. Réaction hypocrite de sa part, car je suis certaine que le saint homme savait bien par quel miracle mon père avait pu se montrer aussi généreux.

Autre église de mon enfance : celle d'Asthall. À l'âge de quatorze ans, ma sœur Diana y jouait de l'orgue. Elle pensait que n'importe quelle mélodie pouvait aisément passer pour un air sacré à condition qu'on l'interprète assez lentement. Elle n'en finissait plus de reprendre le thème de *Tea for Two*, que personne ne reconnaissait (du moins selon elle), en attendant le moment où l'on entonnerait des chants sur une musique bien plus appropriée.

À Edensor, nous n'avons pas droit à des petites plaisanteries de ce genre car l'organiste est très comme il faut. Le pasteur rédige lui-même ses sermons, il ne s'agit pas d'extraits de la Bible. Je n'en ai jamais entendu de meilleurs.

Le métier de châtelaine

Photo de famille en 1934. (© D.R.)

Debo en 1937 à l'âge de dix-sept ans. (© D.R.)

Jusqu'à notre installation à Chatsworth, Andrew et moi ainsi que nos enfants avons vécu à Edensor House avec un nombre phénoménal de domestiques, entassés dans ce qui est devenu aujourd'hui un ensemble d'appartements, et un maître d'hôtel terrifiant qui racontait à qui voulait l'entendre qu'il avait connu des jours meilleurs. Si nous invitions plus de trois personnes, nous les logions à Moor View, un cottage déprimant au sommet du village, et nous les rebaptisions aussitôt « l'escadron des suicidés ».

Pendant ce temps, un intendant s'occupait de Chatsworth. Ilona et Elizabeth Solymossy y sont arrivées en 1948. Ces deux sœurs hongroises, l'une institutrice et l'autre pharmacienne, s'étaient réfugiées en Angleterre en 1938 et avaient travaillé comme cuisinière et femme de chambre pour ma belle-sœur Kathleen Hartington, née Kennedy*, dans sa maison londonienne de Smith

* Sœur du président John F. Kennedy. *(N.d.T.)*

Square, après le décès de son mari. Kathleen étant morte dans un accident d'avion en mai 1948, ma belle-mère les avait convaincues de venir s'installer à Chatsworth pour y organiser le nettoyage de cette vieille maison sale – une tâche herculéenne – en vue de la réouverture des lieux au public. Elles se firent aider par d'autres ressortissants d'Europe de l'Est (aucun Anglais n'aurait accompli un tel travail à cette époque).

Après leur passage, on eut moins l'occasion de découvrir en ouvrant un tiroir, comme cela m'arriva un jour, une miniature représentant la duchesse Georgiana, un programme de l'Institut des femmes remontant à 1932, un bracelet offert au Duc célibataire* par Pauline Borghèse afin de dissimuler une fissure dans le bras d'une statue en marbre de Vénus, ou encore un poste de radio en cristal.

C'est à cette époque que je pris conscience de l'extraordinaire dévotion de l'intendant, Mr Shimwell, et de ses hommes pour cette maison si grande et si coûteuse d'entretien que

* Bachelor Duke (1790-1858). William Spencer Cavendish, sixième duc de Devonshire, fut l'un des plus grands collectionneurs d'art de sa génération et transforma Chatsworth en une demeure colossale. Ami du tsar Nicolas Ier et du sculpteur Antonio Canova, il fut un voyageur infatigable tout en remplissant ses fonctions de grand chambellan. Deborah Devonshire, qui n'a jamais caché sa tendresse pour ce personnage, a demandé à son ami James Lees-Milne d'écrire sa biographie. *(N.d.T.)*

la famille avait renoncé à l'habiter en 1939. Plus tard, nos conseillers seraient surpris de constater que, grâce à la vigilance du personnel demeuré sur le domaine, il n'y avait pas la moindre trace de moisissure.

Je me souviens de cinq ou six menuisiers toujours prêts à faire la causette. Mr Maltby, le charpentier en chef, était un homme très attachant. En septembre 1939, il avait « préparé la maison » en neuf jours afin qu'elle puisse accueillir les écolières évacuées de Londres. C'est pourquoi ses connaissances nous étaient infiniment précieuses, il savait exactement où avaient été entreposés le mobilier et les autres objets et quelle avait été leur place exacte avant l'installation des dortoirs et des salles de classe.

Les sœurs Solymossy se nouaient un torchon sur la tête, puis elles s'attaquaient à une pièce avec les femmes qui travaillaient sous leurs ordres, y restant jusqu'à ce que tout fût propre avant de passer à une autre. Un brouillard de poussière flottait partout, et à la fin de l'après-midi leurs visages étaient méconnaissables. Elles travaillaient très dur mais les intérieurs de Chatsworth restaient tristement délabrés. Tout était rationné et réglementé – et pas seulement la nourriture et l'essence. Vous deviez obtenir l'autorisation de dépenser cent cinquante livres : la loi interdisait de consacrer davantage chaque année à la restauration et à la redécoration d'une maison, quelle que fût sa taille. Il était donc difficile de redonner des couleurs à la nôtre.

Mon beau-père séjournait tour à tour à Churchdale et à Compton Place. Il passait la semaine à Londres avec ma belle-mère. Après qu'en 1944 eut été tué Billy, son fils aîné, il était revenu quelquefois se promener dans les jardins de Chatsworth mais n'avait jamais remis les pieds dans la maison elle-même.

Celle-ci, même vide et froide, conservait dans ces années d'après-guerre un charme irrésistible, et il était excitant d'explorer les pièces aux volets fermés. Mais il semblait bien que l'esprit des lieux avait disparu, et seul un optimiste incurable aurait pu deviner qu'il reviendrait un jour. C'est alors que mon beau-père mourut soudainement en s'adonnant à son occupation préférée : couper du bois dans le jardin de Compton Place. À l'époque, mon époux était en Australie. Andrew rentra en Angleterre en décembre 1950 pour affronter les innombrables problèmes de succession qui risquaient d'affecter non seulement l'existence de nos parents proches mais aussi celle de bien des gens liés à Chatsworth. La remise en état du domaine et de la maison n'en était qu'à ses débuts, et il nous fallut attendre 1959 avant de pouvoir y prendre nos quartiers. J'ignorais alors que j'y vivrais toujours cinquante-six ans plus tard...

En vidant un tiroir, je suis tombée sur le compte rendu d'une réunion qui s'est tenue le 6 juillet 1965 à Chatsworth. Les personnes présentes étaient Tim Burrows (alors délégué de Currey & Co. auprès du conseil d'administration), Hugo Read (qui représentait Chatsworth), Dennis Fisher (l'intendant) et moi-même.

Nous avions évoqué les problèmes habituels de dépassement de budget et dressé la liste des travaux les plus urgents. « Mr Fisher et Mr Read ont déclaré qu'au cours des quatre prochaines années notre attention devrait probablement se porter sur : les serres (réparations et remplacement du système de chauffage) ; le raccordement de la propriété au nouvel égout ; la révision de la toiture sur la façade nord. »

Cela mis à part, ainsi que le rafraîchissement éventuel des murs de la bibliothèque, ils « ne prévoient aucune autre dépense majeure qui nécessiterait de faire appel à des entrepreneurs extérieurs, mais, des urgences n'étant pas à exclure, ils pensent qu'il serait plus prudent d'allouer un budget de sept à dix mille livres par an pour des travaux de première importance que leurs propres équipes ne seraient pas en mesure d'effectuer ». Je me demande bien ce que notre quatuor aurait pensé s'il avait connu à l'époque le nombre de problèmes imprévus qui durent être pris en charge chaque année depuis 1965 et furent résolus avec succès...

Le compte rendu se poursuit : « Mr Burrows a demandé s'il était possible, d'une manière ou d'une autre, d'augmenter les recettes liées à l'admission du public. Nous sommes tombés d'accord sur le fait que l'ouverture d'un café, voire d'un restaurant, nuirait au caractère des lieux. Les problèmes qui en résulteraient l'emporteraient certainement sur les avantages, car cela encouragerait les gens à laisser de nombreux détritus dans les jardins. »

À l'époque, le seul rafraîchissement fourni à nos visiteurs provenait du robinet d'eau froide du mur du pavillon d'entrée, qui porte désormais un panneau avec la mention : « Eau pour chiens. »

Nous étions tout aussi réticents à ouvrir une boutique. Nous pensions qu'il était injuste et cupide de s'attendre à ce que les gens déboursent plus d'argent que ce qu'ils avaient dépensé pour acheter leur billet. (La visite de la maison et des jardins coûtait alors cinq shillings pour les adultes, trois shillings et six pence pour les enfants.) Mais j'ai fini par me rendre compte que les visiteurs voulaient ramener un souvenir de leur passage, et aussi qu'ils avaient faim et soif.

Aujourd'hui, beaucoup viennent à Chatsworth dans le seul dessein de se restaurer et de faire des achats. Grâce à tous ceux qui s'occupent du restaurant et des boutiques, on considère généralement ces services comme les meilleurs dans leur catégorie. J'ose faire une telle remarque au vu du nombre de personnes qui demandent à voir par elles-mêmes comment nos équipes assurent ces deux activités prospères. Non seulement nous en sommes très fiers, mais ces deux affaires marchent vraiment très bien et rapportent au domaine ce que les comptables appellent une « contribution significative ».

Nous avons parcouru un long chemin en quarante ans. Peut-être aurions-nous dû devenir consultants ?

Surgie de nulle part au cours de ces dernières années, l'armée des consultants étend ses ramifications prospères sur le dos des métiers et industries dont elle prétend tout savoir. Il n'y a pas si longtemps, des gens étaient formés pour exercer des métiers bien précis, et leur suggérer qu'un inconnu vienne fouiller dans les affaires de leur société aurait été perçu comme une insulte.

Tel n'est plus le cas depuis que les consultants ont fait leur apparition. Investir dans une nouvelle entreprise ou moderniser une structure vieillissante est très dispendieux, qu'il s'agisse d'ouvrir un restaurant pour nourrir les visiteurs de Chatsworth ou de faire des aménagements pour mieux drainer le flot des clients dans la boutique où nous vendons les produits de nos fermes. C'est pourquoi, à notre tour, nous avons pensé qu'il était prudent de consulter un consultant avant de plonger dans l'inconnu. Comme on ne doit pas se fier à l'Intuition féminine, ledit consultant est très certainement l'homme de la situation...

Il arrive de Londres en train – en première classe – avec deux acolytes, consultants en herbe. Il est fort probable qu'il n'a jamais poussé aussi loin dans le nord du pays, ce qui fait qu'on doit lui expliquer la géographie et les mœurs des habitants – tout son précieux temps y passe. Après un silence de rigueur qui dure quelques semaines, car il est très pris par ses consultations, un somptueux rapport arrive par la poste : le consultant ne fait que répéter ce que vous avez passé la journée à lui dire. Le texte est imprimé sur un papier pour le choix duquel il a consulté un consultant. Le consultant en papier a lui-même consulté un consultant en graphisme, et au fin fond d'un bureau quelqu'un a dessiné un logo, indispensable à tout consultant qui se respecte car sans cela il ne pourrait pas donner de consultation.

Résultat ? Des pages et des pages pouvant recouvrir un court de tennis. Vous et vos collègues passez alors un certain temps à traduire ce rapport en anglais courant. Vous vous réunissez et décidez finalement de faire ce que vous aviez pensé faire avant de consulter un consultant.

Quelques jours plus tard arrive une facture salée, avec en tête de liste des billets de train en première classe et tant de repas qu'il vous semble inimaginable que trois hommes aient pu manger autant en une seule journée. Cela augmente considérablement le montant de la consultation, mais vous payez quand même avec le sentiment pas si désagréable d'avoir consulté le meilleur consultant de la profession.

On n'en finit plus de réparer le toit, qui s'étend sur une superficie de un hectare. La semaine dernière, les ouvriers ont trouvé sous les vieux plombs de couverture un numéro du *Manchester Guardian* daté du 29 mai 1877. Les noms de tous ceux qui avaient travaillé sur le toit à l'époque avaient été consignés dans la marge à l'aide d'un crayon à grosse mine. Intéressant, mais rien que de très normal. Les titres de ce quotidien vieux de cent vingt ans semblaient évoquer un passé pas si lointain : LES INSURGÉS BOSNIAQUES. LA SERBIE SE PRÉPARE À LA GUERRE. TÉLÉGRAMME DE NOTRE ENVOYÉ SPÉCIAL À RAGUSE. Le tout suivi d'une description d'atrocités...

En ce moment, on repeint notre cuisine et on y pose un nouveau carrelage, ce qui donne lieu à un véritable branle-bas de combat. Derrière une rangée de livres de recettes, au fond d'un placard, nous avons trouvé une boîte contenant des menus remontant aux années 1893-1939. Ils sont imprimés ou écrits à la main sur des bristols dorés sur tranche. Buckingham Palace, Derby House, Seaford House, Londonderry House, Devonshire House, The King's Guard – St Jame's Palace, Foreign Office* ou encore résidence des Astor au 4, St James's Square – autant de lieux où, à l'évidence, on nourrissait fort bien les convives. Certains menus sont cruellement anonymes, seule l'adresse y est mentionnée. Qui vivait au 66, Brook Street en 1939 ? L'hôtesse a donné là un souper somptueux avant un bal, le 25 juin. Et l'habitant inconnu du 38, Bryanston Square fit encore mieux un mois plus tôt**.

* Le ministère britannique des Affaires étrangères. *(N.d.T.)*

** Il s'agissait du magnat sud-africain Sir Abe Bailey. *(N.d.T.)*

Nous connaissons le nombre incroyable de plats servis au cours des grands dîners de l'époque édouardienne, mais il est surprenant de découvrir que de tels festins étaient encore monnaie courante jusqu'à la dernière guerre. Si vous aviez été convié au dîner d'adieu de Mr Baldwin* au 10, Downing Street, le 25 mai 1937, vous auriez eu droit au menu suivant : *Consommé à la Sévigné, filets de sole impériale, noisettes d'agneau châtelaine, petits pois et pommes nouvelles, cailles sous la cendre, salade de laitue, asperges vertes sauce mousseline, mousse glacée aux fraises, frivolités, dessert, café***, sans oublier cinq vins extraordinaires et une liqueur, *Grand Fins Bois 1820**.

De nos jours, les indiscrétions provoquées par la consommation de tant de grands crus donneraient le frisson à n'importe quel Premier ministre. Et je ne pense pas qu'aujourd'hui il oserait servir des *frivolités**.

L'humble pamplemousse était un luxe autrefois. Plusieurs de ces dîners commencent par ce fruit. Le seul mot anglais figurant sur tous ces menus est *bacon*, car on ne peut le traduire correctement en français. On faisait frire ledit

---

* Le conservateur Stanley Baldwin (1867-1947) fut Premier ministre à plusieurs reprises. L'auteur fait ici allusion au dîner donné après qu'il eut démissionné, désapprouvant l'abdication et le mariage d'Édouard VIII. *(N.d.T.)*

** Les mots ou expressions en italique suivis d'un astérisque (ici deux exceptionnellement) sont en français dans le texte. *(N.d.T.)*

bacon avec des œufs pour le petit déjeuner servi à 1 h 45 du matin après chaque bal.

Un après-midi de 1937, lors d'une réception donnée au nom de Sa Majesté par le gouvernement du Royaume-Uni de Grande-Bretagne et de l'Irlande du Nord en l'honneur du général népalais et chevalier de l'ordre de l'Empire britannique Sir Kaiser Shumshere Jung Bahadur Rana, les plats sélectionnés à l'heure du thé sont un véritable rêve d'enfant – ou plutôt d'adulte, en l'occurrence. On offrit aux invités des glaces, des gâteaux, des *éclairs**, cinq sortes de sandwiches – notamment au *foie gras** –, du homard et du caviar, des *petits pains fourrés**, des fruits au vin rouge et toutes les boissons imaginables, y compris du *thé**. J'aimerais savoir si Sir Kaiser dut affronter ensuite un dîner de sept plats suivi d'un copieux souper à minuit !

Une fête étonnamment luxueuse – il s'agissait d'un *souper de bal** – fut donnée en 1937 par l'Association des tricoteuses à la Maison des orfèvres. Ce soir-là, vous pouviez goûter à vingt plats, parmi lesquels un *consommé**, des côtelettes, du saumon, du homard, du *foie gras**, des cailles, du canard, un *chaud-froid**, du jambon, de la langue, des asperges, de la salade, de la *compote de fruits**, de la *crème brûlée**, de la mousse au chocolat et des *meringues**. Et il ne s'agissait que du souper, car chacun avait déjà dîné.

Pour finir, un document bristol m'a rappelé combien Evelyne, duchesse de Devonshire, était attentive aux moindres détails. Le projet de menu du déjeuner pour le mariage de son fils

Charlie Cavendish avec Adèle Astaire (la sœur de Fred), qui se déroula à Chatsworth en 1932, proposait entre autres des pâtisseries françaises et deux puddings, finalement rayés de la liste. « Pas besoin de ceux-là », avait écrit Evelyne dans la marge. Les tricoteuses n'étaient pas si économes.

Toute personne de mon âge est qualifiée pour écrire un article sur les maisons glaciales. Dans les années 1930 et 1940, séjourner chez les uns et chez les autres pour les soirées dansantes organisées par le Poney Club et plus tard pour les bals de la saison de la chasse m'a donné plus d'une leçon dans l'art de survivre quand on passe des corsages en liberty aux robes du soir dégageant les épaules.

Les parents de nos amis faisaient en général de gros efforts pour chauffer la maison le soir de la fête mais, pour quelque étrange raison, personne n'a jamais froid chez soi ; en outre, ils s'y prenaient bien trop tard. La chanson de Douglas Byng *Oh ! pour une nuit dans la salle de bal allumez les feux de cheminée dès seize heures dans les chambres à coucher* résume parfaitement la question. L'hôtesse, toujours une créature de plein air, était inévitablement occupée à une quelconque tâche, suivie de ses chiens, jusqu'à ce que le soleil d'hiver eût disparu. L'hôte, lui, était enclin à partir chasser. Résultat, on ne commençait jamais vraiment à chauffer les pièces avant leur retour.

Prendre un bain chaud avant de dîner était le meilleur moment de la journée. Dans une grande demeure, vous deviez parfois affronter un trajet long et pénible avant de parvenir à ce havre de chaleur, et si quelqu'un y arrivait avant vous, quelle déveine ! Par deux fois, j'ai été confrontée à la pire des situations : l'eau chaude jaillissait généreusement tandis que le robinet d'eau froide ne donnait aucun signe de vie. Je me retrouvais en train de grelotter en petite tenue dans ce nuage de vapeur, et il ne me restait plus qu'à regagner ma chambre en courant.

Si le bal avait lieu dans une autre demeure que celle de vos hôtes, il vous fallait endurer le trajet en voiture. Les moins de cinquante ans ne se souviennent pas des voitures sans radiateur. Celle de ma mère avait un plancher en bois, avec de grands jours entre les planches qui permettaient de voir la route défiler sous vos pieds. Toutes les couvertures du monde n'auraient pu vous réchauffer.

Une fois de retour dans cette maison inconnue, vous vous couchiez dans un lit aux draps parfaitement repassés : il n'y a rien de plus luxueux et de plus froid au monde.

Mais c'est le passé, et aujourd'hui à Chatsworth nous n'avons pas trop à nous plaindre. Cela étant, le vent peut pénétrer par les fenêtres fermées, qui ne sont pas parfaitement ajustées. En septembre, nous faisons le tour des pièces avec des rouleaux de ruban adhésif marron afin de boucher les interstices. Jadis, lorsqu'on ouvrait la porte d'entrée principale et que des gens traînassaient avec les bagages, une rafale de vent s'engouffrait dans toute la maison, c'est pourquoi nous avons découpé une petite porte dans la grande – et vous devez vous dépêcher d'entrer. Il y a dans la maison des zones où le froid est intense, on s'y rend donc rarement en hiver. Lorsqu'elle est fermée au public, il fait plus froid dans la galerie des sculptures et les pièces d'apparat que dehors.

Cela dit, rien n'est pire que le chauffage central pour les reliures, les peintures sur bois et le mobilier, et même la température relativement agréable qui règne dans les pièces où nous vivons a provoqué des dégâts. On recommande d'utiliser des humidificateurs d'atmosphère mais ils sont si hideux que je ne crois pas que je pourrais supporter de vivre au contact de ces machines en métal aux angles tranchants qui font sans cesse un bruit horrible. De toute façon, ils ne sont pas efficaces. Peut-être qu'une bouilloire ou deux avec de l'eau en ébullition du matin au soir seraient plus accueillantes et feraient l'affaire.

Personne n'a suggéré l'installation de l'air conditionné. Cela, je ne l'accepterai jamais. Je préfère vivre au petit bonheur la chance avec un système de chauffage anglais plutôt que de me réveiller avec les pieds gonflés et les doigts sur le point d'éclater, tels les pis d'une vache à l'heure de la traite, ce qui arrive toujours après une nuit dans un hôtel climatisé.

Après des années de tâtonnements et d'erreurs, ma chambre est enfin telle que je la souhaitais, mais il faut prendre en compte les chiens. Quand j'avais des whippets, très frileux, il me paraissait préférable de ne jamais ouvrir les fenêtres. Les labradors sont plus obligeants, aussi longtemps qu'ils ne sont pas dans un courant d'air. L'un dort sous le lit et les ressorts du sommier font un raffut qui me vrille les tympans chaque fois qu'il se retourne. J'ai aussi un vieux chien de berger écossais qui recherche les endroits frais, et pour lui la fenêtre doit être grande ouverte.

Quant au reste de la maison, je sais bien que lorsqu'on me parle d'« hospitalité chaleureuse », cela veut dire qu'hospitalité doit rimer avec chaleur.

Les visiteurs

Chatsworth. (© Superstock/Sipa Press.)

Depuis la maison nous avons une vue magnifique. Contempler le jardin, la rivière, le parc et les bois quand je suis à la fenêtre de ma chambre est un plaisir dont je ne me lasse pas. Il n'y a ni poteaux électriques ni panneaux d'aucune sorte. Rien ne vient heurter le regard. Les silhouettes minuscules des promeneurs donnent toute la mesure du paysage.

Le matin et le soir, il n'y a aucun visiteur ; moutons et daims sont alors les paisibles hôtes du parc. Les jours de tempête, ces ruminants sont comme des girouettes : ils vous indiquent la direction du vent en allant s'allonger dans telle ou telle prairie. Dès les premières chaleurs, les brebis se rassemblent à l'ombre d'un arbre comme des vieilles dames lors d'une réunion pieuse, et vous savez alors que le printemps est vraiment installé.

Tout au long de l'année, des milliers de personnes viennent se promener dans le parc de Chatsworth. Il est impossible de donner un chiffre car l'entrée est libre. La plupart apprécient l'endroit, mais de temps à autre nous recevons des critiques par courrier.

Récemment, une femme a écrit qu'elle avait été « dégoûtée par les déjections animales sur l'herbe à chaque mètre », et qu'elle-même et ses petits-enfants n'avaient pu jouer au ballon de peur de marcher dessus. Mon Dieu... J'imagine qu'elle s'attend à ce que nous fassions l'acquisition d'un aspirateur de la taille d'un camion afin de nettoyer chaque matin avant le petit déjeuner des hectares et des hectares de sol souillé.

Désolée, madame, mais si vous craignez pour vos nouvelles chaussures, vous feriez mieux de trouver une pelouse municipale où vos malheureux petits-enfants pourront s'adonner à leurs jeux aseptisés sans crainte de marcher sur ce dont nous tairons le nom. Quelle grand-mère épouvantable vous devez être !

Qui sont les touristes ? Oui, qui sont-ils ? Vous, moi, des amis, des parents, la plupart des gens de notre entourage et des millions de personnes que nous ne connaissons pas. Pourquoi suivons-nous des visites guidées ? Qu'est-ce qui pousse les gens à venir à Chatsworth ? Ce n'est pas un phénomène nouveau. La maison a été ouverte au public dès sa construction. À la fin du XVIIIe siècle, le couvert était mis pour quiconque désirait dîner les « jours d'ouverture ».

En 1849, le chemin de fer est arrivé à Rowsley, à cinq kilomètres d'ici : cet été-là, quatre-vingt mille personnes sont venues en train pour visiter la maison et les jardins. Le duc avait donné des instructions afin que « chacun sans exception » puisse profiter du spectacle des jeux d'eau. Au tournant du siècle, des foules nombreuses se rendaient à Chatsworth les jours fériés. La visite de la demeure et du parc fut gratuite jusqu'en 1908, après quoi les droits d'entrée – un shilling pour les adultes et six pence pour les enfants – furent reversés à des hôpitaux de la région. Ce n'est qu'à partir de 1947 qu'ils servirent à l'entretien des lieux.

Voilà plus de cinquante ans que je discute avec des visiteurs. Leurs centres d'intérêt ont changé, ce qui n'est pas le cas de l'endroit : il n'y a toujours pas de fête foraine ou de divertissements autres que la maison et son contenu. Il en va de même pour les jardins. C'est pourquoi il me semble que seuls des gens très motivés viennent à Chatsworth. Nous n'avons à souffrir ni du vandalisme ni des papiers gras. La taille de la maison les surprend toujours. Une jeune fille qui se plaignait du prix du ticket en disant qu'il lui déplaisait de débourser une telle somme pour voir quelques pièces vieillottes a fini la visite en déclarant :

« Je suis fourbue ! Apportez-moi une chaise ! »

Les mentalités ont complètement changé au cours des cinquante dernières années. Après la guerre, les grandes demeures privées et les domaines comme Chatsworth étaient très mal vus. Malgré tout, on venait nous rendre visite, même si c'était dans l'intention de nous critiquer. À l'échelle régionale, des fonctionnaires férus de fiscalité faisaient de leur mieux pour nous compliquer la vie. À un moment, il a été question de faire passer l'autoroute A6 à travers le parc, tout près de la maison. Aujourd'hui, ce serait impensable. Préservation et restauration font désormais fureur, et vous devenez un héros si vous avez gardé votre toit en l'état.

En 1976, le duc de Bedford écrivit au *Times* une lettre très drôle au sujet de sa propriété de Woburn. Il terminait par ces mots : « Le citoyen moyen visite les demeures historiques parce qu'il a acheté une voiture et qu'il lui faut bien la conduire quelque part. Il est affligeant de penser que si peu de gens viennent pour le seul plaisir culturel. »

Vingt ans plus tard, les touristes veulent voir des œuvres d'art. Des émissions de télévision comme *The Antiques Roadshow** ont aiguisé leur curiosité, et lorsqu'un roman de Jane Austen est adapté à l'écran, il suffit que l'on aperçoive, ne serait-ce que très furtivement, votre porte d'entrée pour qu'elle se transforme en lieu de pèlerinage et attire les foules. Ce même public considère qu'une maison où vivent les descendants de la famille qui est à l'origine de sa construction est plus intéressante qu'une propriété appartenant à l'État ou à quelque autre institution, même si elle est très bien entretenue.

Quant aux visiteurs américains, il leur est impossible de croire que quelqu'un puisse réellement vivre dans ce Disneyland du Derbyshire. Les enfants demandent :

« Ont-ils la télévision par satellite ? Portent-ils des couronnes ? La duchesse est-elle une ancienne servante ? »

Ces mêmes Américains sont souvent choqués

---

* Émission très populaire dans laquelle sont expertisées des œuvres d'art à travers toute la Grande-Bretagne. *(N.d.T.)*

de découvrir des corps nus sur les fresques des plafonds. Cela leur paraît déplacé dans une maison aussi chic.

On me demande souvent si, avec l'afflux de touristes à la belle saison, je suis gênée par le manque d'intimité. Bien au contraire, je serais gênée si personne ne venait ! Chatsworth a besoin du public pour vivre. Quand nous rouvrons à chaque printemps, nous sommes profondément heureux de pouvoir montrer le résultat des travaux effectués au cours de l'hiver.

Nous avons de la chance car l'endroit est si grand qu'il y a de la place pour tous. La maison est si bien construite que, lorsque les pièces d'apparat sont pleines de touristes, vous pouvez rester assis dans les appartements privés à l'étage en dessous en ignorant leur présence.

Certains visiteurs font des commentaires surprenants. Il existe un portrait de moi peint par Lucian Freud alors que j'avais trente-quatre ans. Personne ne le considère comme vraiment très flatteur. Un jour, on a entendu une femme déclarer d'une voix lugubre :

« Il s'agit de la duchesse douairière. »

Puis, d'un ton encore plus sinistre :

« Il a été peint l'année de sa mort. »

Alors qu'il regardait le portrait des sœurs Acheson par Sargent – elles portent d'exquises robes longues blanches Belle Époque –, un homme a fait observer à son épouse :

« Ce sont les filles Mitford. Il est extraordinaire de penser que deux d'entre elles sont toujours en vie. » Extraordinaire est bien le mot : ce tableau a été peint en 1901.

Et je n'ai pas su si je devais être heureuse ou triste lorsque quelqu'un a déclaré à l'un des gardiens :

« J'ai aperçu la duchesse dans le jardin. Elle a vraiment l'air tout à fait normale. »

Mes sœurs et moi avons grandi au contact de la terre. Cela n'avait rien d'idyllique : il nous fallait essayer de compléter le peu d'argent de poche que nous recevions en nous occupant des poules et des chèvres pour vendre œufs et lait à notre mère, un ange de patience.

Elle dirigeait un véritable élevage avicole dont les maigres revenus assuraient le salaire de notre gouvernante. Seuls les œufs aux coquilles trop fragiles ou fissurées finissaient à la cuisine, et ma sœur Nancy prétendait que les seuls poulets que nous étions autorisées à manger avaient été retrouvés morts. J'imagine qu'aujourd'hui il existe une loi interdisant aux enfants de s'occuper des poules, mais je vous parle d'un temps où nous étions libres : les fonctionnaires ne passaient pas encore des heures grisantes à imaginer de nouvelles façons de nous empêcher de faire ce qui nous chantait.

Au début des années 1930, les vaches durent subir le dépistage de la tuberculose. Ma mère avait un troupeau de vaches – des guerneseys –

qui produisaient un lait, une crème et un beurre merveilleux, à la fois pour l'usage domestique et la vente. Elle se méfiait beaucoup de tout ce qui était scientifique, et les médecins n'y échappaient pas. Quand on lui annonça que trois vaches avaient réagi positivement au dépistage, elle se précipita à l'étable. Comme toujours en pareil cas, il s'agissait des plus belles bêtes du cheptel.

« Quoi ? Me débarrasser de ces magnifiques créatures ? Certainement pas ! Les enfants peuvent boire leur lait. »

Et c'est bien ce que nous fîmes, sans tomber malades.

Quarante ans plus tard, on inventa l'Environnement. À Chatsworth, nous avons commencé à recevoir des lettres d'instituteurs qui avaient emmené leurs élèves visiter la maison et qui souhaitaient leur faire découvrir la manière dont on travaillait sur les terres alentour. En lisant les questions et les commentaires des petits visiteurs, je m'aperçus que tout ce que je connaissais intimement lorsque j'étais jeune était désormais obscur pour la plupart des enfants.

L'ignorance a gagné d'autant plus de terrain que les « fermes familiales » où cohabitaient les animaux ont bel et bien disparu. Bétail et volailles vivent strictement séparés, et tout ce que les gens peuvent voir en roulant à tombeau ouvert sur les routes de campagne se limite à des vaches frisonnes, quelques moutons et des cultures inconnues prisonnières de champs où les êtres humains ne sont pas les bienvenus.

En 1973, nous avons décidé de créer à Chatsworth la Cour de ferme, afin d'expliquer aux enfants que la nourriture était produite par des fermiers qui s'occupaient également de la terre, et que ces deux activités étaient inextricablement liées.

La traite des vaches est le clou du spectacle. L'assistance reste rivée sur place, à la fois fascinée, choquée et enchantée par ce rituel qui se déroule deux fois par jour. Un petit garçon de la ville m'a déclaré :

« C'est la chose la plus dégoûtante que j'aie jamais vue. Je ne boirai plus de lait ! »

Cette réaction n'est pas un cas isolé, mais vous ne pouvez deviner à l'avance ce qui va frapper l'imagination du public. Un ami établi dans un comté voisin de la capitale a reçu un groupe de petits Londoniens pour la journée. Il a passé des heures à leur expliquer le fonctionnement d'une ferme laitière, et à la fin il leur a demandé ce qui les avait le plus intéressés.

Après bien des coups de coude et des petits rires bêtes, l'un des gamins a répondu :

« Regarder les vaches aller aux toilettes ! »

Que devient le lait produit par les vaches de la Cour de ferme de Chatsworth ? Nous ne sommes pas autorisés à le proposer au public bien que notre bétail ne soit menacé ni par la tuberculose ni par la brucellose. Ce lait est jugé dangereux car il n'a été que réfrigéré et non pasteurisé, stérilisé, homogénéisé et Dieu sait quel autre « isé ». Si les enfants en consommaient ne serait-ce qu'une gorgée, les autorités sanitaires nous obligeraient à fermer sur-le-champ.

Bizarrement, on n'a pas encore fait voter de loi interdisant aux veaux de boire ce liquide qui leur est avant tout destiné. Lorsqu'ils n'ont plus faim, nous autres, courageux comme des lions, consommons ce qui reste à la maison. Ce que ma mère appelait « du-lait-ayant-échappé-au-massacre » n'a rien à voir avec celui que l'on achète dans le commerce et qui est passé par tant d'étapes différentes qu'il a perdu sa saveur. Notre beurre maison et notre crème épaisse sont un délice quotidien, et nous semblons tous nous porter très bien.

Les enfants ne sont pas les seuls à tout ignorer de la vie à la campagne. Certains instituteurs qui visitent notre Cour de ferme sont surpris d'apprendre qu'une vache doit d'abord avoir eu un veau avant de pouvoir donner du lait ; ils ne relient pas ces deux réalités quotidiennes.

L'ignorance des cycles de la vie n'est pas l'apanage des citadins. Une femme célèbre pour lever des fonds en vue de sauver la forêt tropicale vit au fin fond de la campagne anglaise, et elle passe souvent devant le jardin d'une amie à moi qui fait pousser des dahlias.

Après la première gelée d'octobre elle lui a téléphoné, folle de rage :

« Pourquoi avez-vous empoisonné vos dahlias ?

Ils sont tous morts ! Ce marron, quelle couleur horrible ! Comment avez-vous pu faire une chose pareille ? »

J'imagine qu'elle désapprouve la chasse au renard.

Terriblement agacée par le ton de cette dame, mon amie lui a répondu :

« Oui, et je m'apprête à sortir pour faire de même avec tous les chênes et les hêtres de la région. »

Mon mari était à l'aise dans n'importe quel milieu, mais ce n'était pas un campagnard. L'herbe qui pousse dans le cimetière est un problème que connaissent la plupart des villages. Une fois, j'ai suggéré à Andrew d'y faire paître des moutons. Tout à fait adapté, pensais-je en moi-même. *Agneau de Dieu... Tu es mon berger, ô Seigneur...* On ne pouvait rêver mieux.

« C'est impossible ! a répliqué mon époux. Tout le monde serait furieux !

– Pourquoi ? N'est-ce pas un procédé à la fois simple et efficace ? »

Mais Andrew n'a pas cédé : l'herbe pousserait un été de plus.

Comme je le pressais de me donner la vraie raison de son refus, il a répondu :

« Mais enfin, les moutons lèveraient la patte sur les pierres tombales ! »

Notre Cour de ferme plaît au public (cent mille visiteurs par an) mais nous avons également des critiques. Une femme avait amené un groupe d'enfants qui étaient les plus jeunes membres d'une association de protection animale. Elle m'a écrit pour me dire qu'ils avaient apprécié leur journée, mais elle désirait également me faire part de sérieuses objections, car ses élèves préparaient un exposé sur la manière dont les animaux étaient exploités pour distraire le public. Les gosses avaient pris plaisir à regarder les poulets circuler librement... jusqu'à ce qu'ils se mettent à pique-niquer, car alors ils avaient été exaspérés par l'intérêt grandissant des volailles pour leur repas. Ils ont donc suggéré qu'après tout on devrait les parquer dans un enclos. Ils en sont également venus à la conclusion que les truites s'ennuyaient dans leurs grands viviers et que « tous ces gens agglutinés autour des cages à lapins mettaient les animaux dans une situation proie-prédateur ». J'ignore absolument comment divertir des truites qui s'ennuient et je ne saurais lutter contre des prédateurs humains : c'est ainsi que pour la première fois de ma vie je n'ai pas répondu à une lettre.

Une fois par an, pour la Journée des écoles à la campagne, nous n'ouvrons pas seulement aux chères têtes blondes la Cour de ferme, mais le domaine entier. Deux mille cinq cents écoliers du Derbyshire âgés de neuf à onze ans passent plusieurs heures dans le parc avec leurs instituteurs, et ils peuvent ainsi découvrir nos activités de plein air – agriculture, sylviculture et surveillance du gibier. Enseignants et élèves interrogent ces hommes qui passent leur vie à exercer un métier bien mystérieux : ils s'occupent de la terre et de ses productions.

Des tracteurs énormes sillonnent nos champs où sont cultivés pommes de terre, blé, orge, avoine et lin. À l'exception des pommes de terre, peu de gens – enfants comme adultes – sont capables d'identifier ces différentes cultures ou connaissent leur usage ultérieur. Quand on leur montre du blé, ils l'associent vaguement au pain, mais le reste est un mystère complet.

Les activités des gardes-chasse sont les plus populaires auprès des écoliers ; ils sont fascinés par les petits des faisans et des perdrix, les canetons des cols-verts, les furets, les pièges et les fusils. Ils assistent à des séances de ball-trap. Certains instituteurs tentent le coup et plusieurs élèves déclarent qu'ils aimeraient bien tirer sur leurs enseignants. Tous se disputent pour ramasser les étuis des cartouches vides.

Lorsque arrive le moment consacré à la sylviculture, Paul, un jeune forestier né et élevé à Chatsworth, se charge des explications. La longévité des arbres étant supérieure à celle des hommes, nos jeunes visiteurs comprennent difficilement que ce matériau de construction si précieux dans nos régions exige une exploitation parfaitement « gérée ». La coupe des arbres provoque de leur part les réactions les plus extrêmes :

« Aimez-vous tuer les arbres ? demandent-ils à Paul. Ne vous sentez-vous pas coupable ? Pourquoi ne pas les faire sauter à la dynamite ? Cela serait plus rapide, non ? Coupez-vous ces arbres dans le seul but de faire de l'argent ? »

Un instituteur a proposé :

« Ne pourriez-vous pas les laisser mourir de leur belle mort avant de les couper ? »

Puis, observant une scie mécanique en action :

« Vous n'utilisez plus de haches ? »

Paul en a conclu que ni les enseignants ni les enfants ne comprenaient ce qu'était la sylviculture :

« Pour eux, il s'agit d'un vandalisme autorisé par la loi. Ils croient que nous ne faisons que détruire parce qu'ils ont en tête l'exemple très médiatisé de la forêt tropicale. »

En désespoir de cause, les forestiers proposent aux écoliers de contempler le panorama somptueux avec ses arbres jeunes et vieux et les plantations de Capability Brown*, puis ils leur demandent :

« Aimez-vous ce que vous voyez là ?

– Oui, répondent-ils en général.

– Eh bien notre travail consiste à préserver ce paysage tel qu'il est aujourd'hui. »

Au bout du compte, la Cour de ferme et la Journée des écoles à la campagne perturbent les hommes de Chatsworth qui rencontrent instituteurs et enfants. Ils sont convaincus que la majorité des visiteurs ne comprennent pas en quoi consiste leur travail, mais ils ne peuvent passer

---

* 1715-1783. L'un des plus grands architectes paysagistes du XVIIIe siècle. *(N.d.T.)*

tout leur temps à le leur expliquer. Chatsworth et d'autres domaines célèbres pourraient être d'immenses salles de classe à ciel ouvert, mais sans les encouragements des autorités tout ce que nous faisons est comparable à une goutte d'eau dans l'océan. Nous savons que chaque jour des dizaines de personnes renoncent à l'agriculture. Certaines d'entre elles, qui ne sont pas des universitaires mais d'authentiques paysans, ne pourraient-elles pas retourner à leurs racines pour transmettre leur savoir ?

Mais cela n'en vaut peut-être pas la peine. Je vois déjà le jour où la terre arable sera livrée aux chardons et où les chemins forestiers deviendront des jungles impénétrables qui obligeront les randonneurs à se munir de machettes. Et qui tuera les arbres ?

Buvons du lait français, mangeons du bœuf argentin, importons de la farine d'Amérique et du bois d'Europe du Nord : cela nous épargnera bien du travail. Mais alors, je ferai pousser une laitue devant ma porte, juste pour prouver que j'en suis capable.

La duchesse jardinière

Portrait de Deborah par Pietro Annigoni (1954). (© The Devonshire Collection, Chatsworth, reproduit avec l'autorisation du Chatsworth Settlement Trustees.)

Comme il est devenu difficile de jardiner ! Il est presque impossible de lire avec plaisir ou intérêt les listes de graines de giroflées à planter maintenant pour l'année prochaine alors que celles de la saison en cours commencent à peine à fleurir – seules des fleurs mortes sont aussi déprimantes à regarder. Vous devez vous armer de courage pour vous atteler à la tâche si vous désirez des giroflées l'année prochaine.

Autre problème : le choix ahurissant. Ouvrez un catalogue à la section pieds-d'alouette, par exemple, et vous tomberez sur des pages entières de descriptions si captivantes que vous souhaiterez acheter toutes les variétés proposées. Il vous faudra la concentration d'un Einstein pour ramener votre liste à des proportions raisonnables. Puis vous devrez attendre trois ans avant de profiter des fruits de votre travail. Il se peut également que le fournisseur vous ait envoyé les graines dont vous ne vouliez justement pas, mais entre-temps vous aurez perdu le catalogue soigneusement annoté depuis belle lurette, et il n'y aura plus rien à faire.

C'est la même chose avec les roses. Elles paraissent toutes irrésistibles sur catalogue et vous devez vous pincer au cœur de l'hiver, lorsque les bourgeons sont dormants, pour vous rappeler combien les roses orange créées par l'homme se sont avérées monstrueusement laides et irritantes pour la rétine.

Je préfère les légumes, et pourtant on est confronté là encore à un choix cornélien. Enfoncez profondément sous terre des graines des meilleurs pois ou fèves, rappelez-vous d'en planter un certain nombre tous les quinze jours afin d'éviter la famine, et voilà, vous êtes devenu un vrai jardinier.

Les gens qui ont inventé tous ces termes de botanique se sont rudement amusés. Même les scientifiques qui m'ont si gentiment répondu pour m'expliquer ce qu'était un saut quantique pourraient bien rester muets en entendant des noms tels que Lancier d'Howard, Velours noir, Double Enchanteresse...

Croyez-le ou non, la Collection nationale de rhubarbe recense une centaine de variétés. Je vous épargnerai tous ces noms, mais la Cramoisie satinée pourrait parler à votre imagination. Celui qui a rebaptisé le panais Tendre et sincère est un poète du potager, mais le nom le plus étrange de tous est bien Petit Déjeuner à la française pour désigner un radis. Je n'ai jamais vu les Français dévorer des radis à pleines dents pour commencer la journée, mais ils aimeraient vous le faire croire.

Observer et écouter des fous de jardinage en train de visiter les jardins des autres me fascine toujours. Des gens qui par ailleurs se comportent de manière parfaitement normale semblent soudain le jouet d'une bizarrerie inattendue et, bien qu'ils aient probablement parcouru des kilomètres pour savourer leur plaisir, ils ne se montrent intéressés que par ce qu'ils ont laissé chez eux. Des visiteurs ne possédant pas eux-mêmes un jardin peuvent oublier leur ego et s'enchanter du spectacle grandiose offert par le travail d'autrui, mais le vrai jardinier, lui, fixe son regard sur une quelconque petite plante, ravi si elle n'a pas l'air en grande forme et triomphant si elle est morte. Il compare cette chose avec ses propres plantations.

« Oh ! nous en avons une mais la nôtre est bien plus imposante. Je pense que cet endroit ne convient pas à cette plante. Elle ne supporte pas le vent d'est ! Chéri(e), ne penses-tu pas que ces gens auraient dû le savoir ? »

Dans la situation inverse, lorsqu'un jardinier vous propose un tour du propriétaire de deux heures par un temps effrayant, il peut être difficile de s'extasier continuellement. Parfois, au moment de sortir, l'hôtesse vous jauge soudain afin de décider si vous êtes digne d'une telle visite. Quel merveilleux soulagement si tel n'est pas le cas !

C'est pourquoi rien ne me semble plus luxueux que de pouvoir, au cours d'une vie, visiter de nombreux jardins en payant l'entrée. Vous pouvez détailler ce qui vous plaît vraiment et fuir ces parterres en forme de haricot où poussent des rhododendrons orange entre des rebords en béton. Mon beau-père, qui comprenait les plantes, disait que chacun passe par cinq phases de jardinage. On commence par apprécier les fleurs, puis les arbrisseaux en pleine floraison, puis les frondaisons d'automne et les baies, puis les feuilles, et enfin le dessous des feuilles.

On devrait disposer des plantes alpines ici et là. Elles peuvent devenir une véritable drogue, et plus elles sont petites, plus elles sont précieuses. On peut découvrir au jardin de Wisley* un amas de minuscules feuilles grises qui se confondent avec les pierres grises d'où elles émergent. Au printemps, une étiquette portant une flèche indique : « Merci de remarquer cette

---

* Situé dans le Surrey, le jardin de la Royal Horticultural Society à Wisley est l'un des plus célèbres de Grande-Bretagne. *(N.d.T.)*

plante. » Charles de Noailles, célèbre jardinier français, avait fini par préférer les étiquettes aux fleurs, aux frondaisons et même aux plantes alpines.

Je crois que les responsables de ces stands débordant de merveilles dans les expositions de sociétés d'horticulture à Vincent Square sont les plus patients des êtres humains. Il vous suffit d'écouter une vieille bique décrire à sa victime prise au piège ce qui est arrivé à sa *Desfontania spinosa hookeri* pour comprendre qu'un tel exposant vaut tous les psychiatres pour donner une consultation gratuite tandis que la dame à la *Desfontania* s'épanche et vide son sac.

Les difficultés liées au jardinage sont presque insurmontables pour le néophyte, mais la seule composition de bouquets est carrément impossible ! Je me demande si ceux qui s'y adonnent sont rendus irritables par le fait que leur travail est éphémère. Selon ma mère, les sautes d'humeur imprévisibles des cuisinières avaient à voir avec la destruction inévitable de leur art trois fois par jour ; cela suffisait à leur détraquer l'esprit. Si les gens qui composent des bouquets ne se mettent pas en colère, ils doivent au moins être attristés de voir le produit de tant d'heures de labeur finir à la poubelle. Tout est devenu trop compliqué : il existe des règles strictes et la critique est féroce.

Je m'émerveille devant la dextérité de ceux qui sont à l'origine de ces assemblages incroyables que l'on peut voir dans les hôtels, les soirées de mariage et les floralies dans des églises, mais je ne voudrais pas de telles œuvres chez moi. Tout cela manque terriblement de naturel, c'est bien trop sophistiqué, les fleurs s'échappent d'un support de couleur verte, mou et humide, au lieu de jaillir d'un bon vieux vase.

Depuis qu'on a inventé les pots en plastique, je suis toujours heureuse d'en découvrir un en véritable argile, mais je crois que ce choix ferait vraiment perdre des points lors d'un concours d'horticulture.

À Chatsworth, sur plus de cinquante hectares, la plupart des styles de jardinage à travers les âges sont représentés ici et là. À cause de notre situation géographique en bordure des Pennines et du climat rude qui en découle, seules les plantes les plus résistantes parviennent à pousser dehors. Pour cette raison, les serres jouent un rôle essentiel. Aujourd'hui, elles sont surtout célèbres pour les grappes de muscat d'Alexandrie à l'automne, et pour les camélias au début du printemps.

Chez nous, le printemps est souvent décevant. Nous pouvons avoir du gel et de la neige en avril, et c'est alors que les serres sont indispensables : elles sont pleines de camélias aux couleurs éclatantes, bien loin des intempéries. Cela vous remonte toujours le moral. Quand on pousse la porte de verre, laissant le vent derrière soi, on pénètre dans un autre monde pour goûter le calme éternel de la serre.

Andrew et moi nous sommes mariés à Londres en avril 1941. Au cours de la semaine qui précéda la cérémonie, les raids aériens furent particulièrement violents et les fenêtres de la maison de mon père, où devait se dérouler la réception, volèrent en éclats. Un vent froid soufflait dans les pièces, mais ma mère improvisa des rideaux de fortune en clouant des feuilles de papier peint plissé, et ma future belle-mère envoya une grande quantité de ces fleurs étonnantes qui, Dieu merci, illuminèrent cette journée, en temps de guerre, dans un Londres sinistre.

On fait pousser des camélias à Chatsworth depuis plus de cent cinquante ans. Joseph Paxton, paysagiste, ingénieur, architecte, a été nommé jardinier en chef de Chatsworth en 1826 alors qu'il n'avait que vingt-trois ans. Il innovait sans cesse et transmettait son enthousiasme pour toute nouveauté à son employeur et ami, le Duc célibataire*. Ce dernier se décrivait lui-même comme ayant été « mordu par le jardinage ». On le persuada donc facilement de financer des expéditions en Orient et en Amérique afin de rapporter des plantes inconnues en Angleterre et d'en peupler les serres de Chatsworth. Les camélias comptaient parmi les favorites du duc.

Grâce à tous ceux qui en prennent soin, Chatsworth a triomphé de nombreuses fois au concours des camélias organisé par la Société royale d'horticulture à Londres. La compétition devient plus difficile chaque année, mais nos

* Voir note de la p. 56. *(N.d.T.)*

responsables des serres raflent un bon nombre de premiers prix. *Mathotiana rubra*, aux fleurs rouge sang, gagne régulièrement, mais comme il s'agit d'une variété qu'il est difficile de faire pousser à partir de boutures, nous veillons à ce que notre arbrisseau ne produise que de rares fleurs.

Mais les vraies stars de notre collection sont deux camélias *reticula* de la variété « Capitaine Rawes », baptisés ainsi en hommage au capitaine de la Compagnie des Indes qui les rapporta de Chine. Ils furent plantés dans les années 1840. Depuis déjà de nombreuses années, ces plantes ont atteint la toiture de leur serre, à huit mètres du sol. Quelle pourrait bien être leur taille actuelle si la serre avait poussé au même rythme ?

Au début du printemps, les fleurs semi-doubles de ces camélias, d'un rose vif, ont l'air tellement exotiques avec leurs pétales cireux et leurs étamines dorées que l'on se demande si elles sont vraies. Beaucoup de visiteurs s'arrêtent pour les détailler longuement.

« Elles doivent être en plastique », les ai-je souvent entendus dire.

Rien ne vaut la mousse. On m'a offert – des Américains, cela va sans dire – un arbre en mousse absolument ravissant et plus ou moins inusable, m'a-t-on dit, à moins de le laisser au soleil où il se fanerait.

Je l'ai démonté afin d'en étudier la structure. Il s'agissait d'une boule de mousse d'environ cinquante centimètres de diamètre maintenue par le même fil de fer que l'on utilise pour clôturer les poulaillers et montée sur une tige en bois de bouleau. Celle-ci était fixée dans un panier rempli de plâtre, lequel était recouvert d'une mousse d'une autre variété.

Il se trouve que le bibliothécaire de Chatsworth est incollable sur le sujet : il n'est ni plus ni moins que le trésorier de la Société britannique de bryologie. En découvrant cette merveille, il a déclaré sans hésitation :

« Oh ! Il s'agit là de *Leucobryum glaucum*, une mousse qui ne pousse que dans le sud de l'Angleterre. »

Je me suis donc vue en train de conduire une camionnette jusqu'en des lieux lointains et humides tels que l'ouest du Sussex afin d'y recueillir cette précieuse matière première. Mais j'imagine que, tout comme pour la cueillette des primevères, la loi interdit de ramasser de la mousse et que je finirais décapitée.

Si retomber en enfance quand on atteint un âge honorable signifie revenir à ses premières amours, eh bien m'y voici plongée jusqu'au cou ! Enfants, mes sœurs et moi élevions des volailles et vendions leurs œufs pour nous faire de l'argent de poche. Aujourd'hui, dans mon jardin de Chatsworth, j'ai des enclos où vivent des poules light sussex et welsummers, et j'en retire un plaisir immense.

Les poulettes sont précoces cette année. On a déménagé les vieilles poules dans un autre bâtiment afin de laisser le champ libre aux plus jeunes. C'est un délice de les regarder tant elles sont pimpantes. Nous avons enfermé nos vieilles pensionnaires pendant deux jours afin d'être certains qu'elles rejoindraient le bon poulailler à la nuit tombée. Nous avons essayé de leur apprendre à reconnaître leur nouvelle maison, mais malgré tous nos efforts méritoires certaines sont retournées à leur ancien domicile, et sont tombées sur les demoiselles qui occupaient désormais les lieux. Les aînées n'étaient pas contentes. Elles avaient l'air aussi déconcertées que vous et moi si, en ouvrant la porte de notre chambre à coucher, nous la trouvions pleine d'adolescentes inconnues.

Certaines de ces adolescentes avaient commencé à pondre ces très petits œufs d'excellente qualité que les mères de famille n'apprécient pas parce qu'ils sont loin de ressembler aux œufs énormes qu'on nous recommande de manger.

Afin d'expliquer leur petite taille aux clients qui achètent les produits de nos fermes, nous affichons un écriteau portant la mention suivante : « Œufs de poulette, moitié prix. » Mais cela ne veut rien dire car peu de gens savent ce qu'est une poulette. Hélas !

Comme il m'est devenu impossible de m'occuper moi-même de ma basse-cour, je me suis mise à collectionner poules et canards en porcelaine. Ces bestioles posent moins de problèmes que les spécimens vivants, et eux au moins ne quittent jamais ma chambre et mon salon. Mes favorites sont une paire de poules bariolées grandeur nature en faïence belge : elles tournent la tête et enfouissent leur bec dans leurs plumes avec cette expression de contentement propre à toutes les volailles après qu'elles se sont ébrouées dans la poussière par une journée de printemps. L'une protège ses poussins, qui émergent de son giron, l'autre couve un œuf. Il s'agit en fait de terrines : la moitié supérieure est un couvercle, tête et cou font office de poignée.

Je les avais achetées dans l'une de ces luxueuses boutiques d'antiquités de Park Lane, mais le magasin a été remplacé depuis longtemps par une agence de voyages. Je me souviens de m'être arrêtée devant la vitrine et d'avoir fixé ces deux poules avec convoitise. Le prix demandé semblait démentiel à l'époque – et il l'était certainement. Selon une évaluation récente, ces terrines coûteraient moins cher aujourd'hui qu'il y a vingt ans, mais peu importe : je prends toujours autant de plaisir à contempler mes poulettes en faïence.

J'aime également beaucoup une poterie représentant un nid avec des poussins en train d'éclore, alors que d'autres sont déjà sortis de leur coquille brisée en mille morceaux. Je n'ai jamais vu un autre groupe pouvant lui être comparé et j'aimerais bien connaître son origine. L'un des poussins sort seulement la tête de l'œuf, un autre a un morceau de coquille collé sur le derrière, tandis qu'un troisième est complètement dehors ; il affiche la surprise d'un poussin qui vient d'éclore et se trouve confronté à un monde plein de dangers.

Je suis également tombée amoureuse de tableaux représentant des poules. Dans notre maison de Bolton Abbey, une toile monumentale de Benson figurant des red-caps du Derbyshire à double crête est accrochée dans ma chambre. William Huggins, plus connu pour ses études de lions, est l'artiste à qui l'on doit un autre de mes portraits de volailles ; les plumes de la queue, vert irisé et noir, sont merveilleusement rendues. En observant bien la lithographie de Théophile Alexandre Steinlen représentant un coq et deux poules – ce que les spécialistes appellent un « trio », autrement dit l'éternel triangle amoureux –, on devine clairement à l'expression de ces créatures qu'il s'agit d'un homme prospère, de son épouse mal fagotée, vêtue de plumes noires, et de sa maîtresse frivole – tous trois sur le même perchoir.

D'ailleurs, les oiseaux de basse-cour se comportent comme les êtres humains ; ils sont tout aussi peu inattendus. Ils se battent, rejettent les nouveaux venus, détestent le vent et la pluie. Certains sont téméraires et fourragent loin du poulailler, tandis que d'autres osent à peine mettre une patte dehors. La discrimination raciale ne leur est pas complètement étrangère et la démarche décidée des poules lorsqu'elles se dépêchent de rentrer pour pondre rappelle celle de ces femmes déterminées qui vont faire les soldes d'un air conquérant. Elles font la queue pour utiliser le même pondoir – pourquoi, alors qu'ils s'alignent, tous identiques, sur une même rangée ? –, et lorsqu'elles n'ont pas le temps d'attendre, elles piétinent la première arrivée, ce qui agace prodigieusement cette dernière.

Certaines affichent des manières parfaites, mais celles qui ont de gros besoins sexuels sont négligées et n'ont aucune idée du chic. On dirait qu'elles sont toujours en train de perdre une plume ou deux. Ces femelles étourdies laissent tomber leurs œufs n'importe où sur le plancher du poulailler ou bien sur le sol à l'extérieur. Mes invités, à qui rien n'est épargné, sont obligés de ramasser ces œufs, et il s'agit pour moi du meilleur moment de la journée. Les hôtes font semblant de prendre plaisir à cette corvée, mais je remarque qu'ils examinent attentivement les semelles de leurs chaussures londoniennes une fois que nous sommes de retour à la maison.

Au fil des jours

Chatsworth. (© Superstock/Sipa Press.)

Je suis arrivée à une époque de ma vie où je me lève de plus en plus tôt. Comme il me fallait attendre l'heure du petit déjeuner, j'ai dû faire installer une bouilloire et un grille-pain dans ma chambre. Ainsi, je peux utiliser moi-même ces engins miraculeux dès que l'envie s'en fait sentir.

Je recommande à tous ceux qui se lèvent de bon matin, et pour qui ce rituel est désormais indispensable, d'acheter une pendulette avec deux aiguilles de taille différente afin de ne pas les confondre, faute de quoi ils pourraient eux aussi être victimes de ce qui m'est arrivé la semaine dernière, une expérience assez contrariante. En me levant à cinq heures, j'ai préparé et pris mon petit déjeuner, et c'est seulement alors que j'ai découvert que les aiguilles de même taille m'avaient fait une farce : en réalité, il n'était que minuit vingt-cinq.

Trop tôt même pour moi, mais trop tard pour faire semblant de n'avoir pas pris de petit déjeuner.

Nous savons tous que les vieilles dames se font renverser dans la rue et voler leur sac à main. C'est devenu si courant que les journaux n'en parlent même plus, à moins que la victime soit célèbre ou gravement blessée, ce qui nous vaut quelques lignes à la fin de la rubrique « Faits divers ». À Londres, cela se produit dans des endroits chics comme Cadogan Square et South Audley Street ; j'imagine que les voleurs croient que toutes les propriétaires de sacs à main y sont fortunées.

Je me demande comment ils choisissent leurs victimes. Ils ne doivent s'attaquer qu'aux dames les plus âgées et aux sacs les plus volumineux et les plus lourds, mais je ne suis pas certaine que ceux-ci soient toujours pleins de rivières de diamants et de bagues serties de rubis. Ils semblent bien plutôt remplis de pierres et de charbon. C'est du moins l'impression qu'ils donnent quand vous proposez d'en tenir un tandis que la dame reprend sa canne bien en main.

Le malfrat pense certainement qu'il a fait preuve de courage en tabassant une pauvre femme et qu'il mérite amplement son butin mais il doit être très déçu en ne découvrant que d'énormes flacons de médicaments aux noms imprononçables.

Je plains le voleur le jour où mon tour viendra. L'intérieur de mon sac à main est assurément répugnant, alors, s'il a un peu de jugeote, il portera l'un de ces masques que les éboueurs et les dentistes utilisent pour se protéger le nez lorsqu'ils doivent fouiller dans un endroit déplaisant. Il trouvera en effet des poignées de cartes de crédit exaspérantes qui lui glisseront entre les doigts – pourquoi donc agissent-elles toujours ainsi ? –, un monceau de petite monnaie qui ne permettrait même pas d'acheter un journal, des lettres auxquelles je dois répondre de toute urgence, un assortiment de peignes, des ciseaux, des élastiques, des timbres, une carte Vermeil et des stylos à bille sans capuchon contribuant grandement à la saleté de mon sac.

Si en plus l'homme vole mon panier, il maudira le jour où il a décidé de se lancer dans la carrière de voleur. L'objet est plein de rations de survie pour le cas ou je resterais coincée sur l'autoroute M1, de petits bouts de pain grillé durs comme de la pierre et destinés à mes poules, de divers catalogues de ventes aux enchères chez Bonham. On y trouve également un livre que je n'ouvre jamais mais qui me rassure face aux aléas mystérieux de la circulation, trois exemplaires du quiz (très difficile) de la Société du mouton Jacob, ainsi que les comptes rendus de bien des réunions ennuyeuses. Ce butin décevra amèrement mon agresseur, et grâce à moi un voleur choisira de rentrer dans le droit chemin.

Pendant que j'en suis à évoquer les vieilles dames et les horreurs dont nous sommes victimes, n'oublions pas de mentionner le piège omniprésent qui consiste à se parler à soi-même à voix haute sans même s'en rendre compte. Vous pouvez avoir une tendance fâcheuse à commenter le moindre de vos faits et gestes ou à simplement exprimer vos pensées du moment, tout en faisant mécaniquement quelque chose qui n'a rien à voir, comme tricoter ou préparer de la confiture d'oranges. Un chien peut vous aider à sauver la face, car si quelqu'un vous tombe dessus au coin de la rue, il est facile de prétendre que vous disiez quelque chose de très important à Bracken ou Nobby. Mais en certaines circonstances, vous n'avez aucune issue de secours ; toute tentative de justification serait bien inutile et ne ferait que vous rendre plus pathétique encore.

L'été dernier, je marchais le long d'un ruisseau, au fin fond du jardin. À cette heure de la soirée, tous les visiteurs sont en principe repartis depuis longtemps. Soudain, j'ai aperçu une grenouille coincée sous la chape de béton qui recouvre le cours d'eau à un endroit. Pensant qu'elle allait se noyer, j'ai plongé la main dans l'eau glacée et l'ai sortie de là. Je me suis dit en moi-même que j'avais fait là une bonne action et que je recevrais sûrement une médaille de sauveteur décernée par la Société protectrice des grenouilles, mais à ce moment l'animal a replongé. (On ne sait jamais vraiment comment va réagir ce genre de créature.)

« Oh ! quelle grenouille idiote ! me suis-je exclamée très fort. Je n'ai jamais vu une grenouille aussi bête que toi. Tu ne méritais pas d'être sauvée. »

En me retournant, j'ai aperçu deux parfaits inconnus qui me fixaient du regard. Il est clair qu'ils pensaient qu'on n'aurait jamais dû me laisser sortir de l'hospice.

J'achète la plupart de mes vêtements dans des foires agricoles : ils sont d'une résistance à toute épreuve. Et bien plus beaux que ces modèles étranges aux couleurs désespérantes qui coûtent chacun mille livres sterling dans les boutiques de Knightsbridge. Si par hasard – mais c'est peu probable – vous succombez à l'une de ces créations, vous découvrirez que tous les boutons sauteront dès que vous la porterez pour la première fois, ce qui est pour le moins contrariant.

Après les foires agricoles, Marks & Spencer est l'endroit idéal pour faire vos courses, puis vient enfin Paris. Entre les deux, rien ne me semble vraiment intéressant. J'ai appris à m'armer de courage pour passer la porte des boutiques parisiennes les plus élégantes. Leurs façades vous regardent comme si vous étiez un objet suspect que le chien rapporterait à la maison, mais une fois à l'intérieur, la magie du talent des Français dès qu'il s'agit de mode vous envahit de bonheur, jusqu'à ce que vous soyez confrontée à cette décision angoissante : qu'allez-vous ne pas acheter alors que vous avez envie de tout ?

J'ai plus de quatre-vingts ans et je me dis que des vêtements d'excellente qualité dureront jusqu'à ma mort – c'est du moins mon prétexte. Et ainsi, des œuvres d'art françaises qu'on croyait oubliées resurgissent du fond de votre penderie (mêlées à des Barbours et à des bottes Derri), toujours aussi belles et confortables.

C'est au printemps et à l'automne que se tiennent les assemblées générales. Plus je vieillis, plus il m'est pénible d'y assister. Les mots qui viennent immédiatement à l'esprit dès que l'on parle d'assemblée – comme « procès-verbal » ou « ordre du jour » – ne provoquent pas vraiment de poussée d'adrénaline, et l'impatience ressentie devant une présidente laborieuse rend de telles sessions presque insupportables. Les sujets à l'ordre du jour, inscrits sur le fameux agenda, sont lentement cochés les uns après les autres, et vous priez pour que personne ne relève la suggestion de la présidente, à savoir soulever une question qui n'a pas été mise à l'ordre du jour.

Après toutes ces années, les remerciements obligatoires que l'on adresse aux « officiers » peuplant ces comités continuent de me surprendre. C'est que ce nom est peu approprié pour définir des femmes bienveillantes qui dépensent beaucoup de temps et d'énergie afin de collecter des fonds pour l'association caritative quelconque qui est à l'origine de telles réunions. Ma conception de l'officier s'étend du simple second lieutenant au colonel des Coldstream Guards. Rien à voir, donc, avec ces bonnes dames réunies dans la salle paroissiale : elles ne sont pas du genre à donner des ordres d'un ton sec lors d'une parade de la garde à cheval, et elles auraient un drôle d'air si elles devaient se coiffer d'un bonnet à poil.

Quand on en vient à vouloir se confondre en remerciements auprès de la vérificatrice des comptes, le désespoir s'installe et je suis impatiente d'aller marcher sous la pluie. « Autre problème à soulever ? » peut être une question périlleuse, et le soulagement est immense si l'assemblée l'accueille par un silence. Puis vient le tour de l'oratrice qui, je suppose, a l'intention d'instruire ou de divertir son auditoire et qui, le plus souvent, échoue sur les deux tableaux et fait traîner son récit en longueur jusqu'à l'heure bénie du thé où vous recouvrez votre liberté. Bien sûr, si c'est à votre tour de prendre la parole, les choses sont différentes et vous vous retrouvez dans une position toute-puissante. Vous êtes donc déçue lorsque vous remarquez bientôt que certaines personnes commencent à croiser et décroiser les jambes, à remuer leur chaise et à fouiller dans les profondeurs de leur sac à la recherche de leurs clefs de voiture. Tout cela crée un sentiment de malaise général et signifie que l'auditoire vous remercie par avance d'oublier la seconde moitié de votre intervention.

S'il s'agit d'une allocution agrémentée de diapositives, l'assemblée est plongée dans le noir et vous ne pouvez donc identifier les signes d'impatience sur les visages. Le ronflement est alors la seule arme de votre public, mais vos victimes n'en demeureront pas moins prisonnières jusqu'au dernier clic du projecteur. Leur patience est un exemple pour nous toutes.

Après les assemblées générales annuelles viennent les rapports annuels. Ils arrivent à la maison par tonnes, envoyés par toutes les organisations possibles et imaginables, y compris la National Gallery. Je suppose que cela procure du travail aux producteurs de bois, aux fabricants de papier, aux photographes, aux dessinateurs, aux scribes et à la poste. Parfait, mais 99 pour cent de ces documents pitoyables représentent quand même à mes yeux un immense gâchis de temps et de papier. Ils sont rédigés dans un jargon officiel illisible et imprimés sur des pages et des pages d'un papier luxueux.

Les rapports annuels publiés par les sociétés anonymes à l'intention de leurs actionnaires rivalisent de somptuosité et d'épaisseur. Je crois que les actionnaires préféreraient une simple feuille, dans l'esprit d'un Churchill, où figureraient les bons et les mauvais résultats. Ainsi, l'argent économisé pourrait rejoindre les bénéfices reversés à chacun. Mais il s'agit avant tout d'éblouir le voisin, alors aucune entreprise respectable n'accepterait un tel manque de faste.

Toutefois, j'ai découvert une exception. C'est le rapport annuel de l'English Heritage*. Si vous en avez assez de tous ces *heritages* (patrimoines) – anglais, vivant, architectural, agricole, mondial, floral, sans oublier le ministère concerné –, je vous en prie, retenez les objections que vous inspire ce mot surmené et jetez un coup d'œil sur le rapport en question : jamais un terme en trop ; tout vise à l'essentiel. Même le mot tabou, « argent », est employé par-ci par-là au lieu de ce galimatias habituel dès qu'il s'agit de ressources financières. L'institution elle-même doit être unique en son genre puisqu'elle comprend plus d'administrateurs que d'employés.

Une fois cette nouvelle incroyable digérée, commencez votre lecture et vous comprendrez où je veux en venir. Les descriptions sont un délice : bijoux, forêts, tableaux, manuscrits, plage de galets, roulotte d'un chef forain, morceau du parc national de Brecon Beacons, tracteur, houillère, dessins de Gainsborough, Raphaël et compagnie, champs de blé du Somerset, plusieurs intérieurs d'église, bannière d'un syndicat ouvrier, petite ferme de Caithness, outils de jardinage... Les photos illustrant des sujets aussi divers nous rendent heureux d'être contribuables. Pas de lourdeurs administratives, aucun gâchis, pas la moindre confusion ; les subventions accordées

* Fonds de conservation du patrimoine britannique. *(N.d.T.)*

vont directement aux destinataires – lieux et organismes – qui en ont vraiment besoin.

Mais voilà, les sommes allouées à l'English Heritage sont en diminution. Rappelez-vous, s'il vous plaît, que ce fonds de soutien a été créé en mémoire de ceux qui sont morts pour la Grande-Bretagne. Leur nombre n'a pas diminué, que je sache !

Le pain me semble auréolé d'un certain mystère. Je ne parle pas de ces miches blafardes et molles cuites à la vapeur en un temps record par de soi-disant « boulangers », mais du pain maison, préparé, pétri par la main de l'homme, et cuit dans un vrai four.

On a toujours des surprises avec ce pain-là. La même recette suivie à la lettre par plusieurs personnes donnera des versions très différentes du « pain de la vie ». Cela a peut-être à voir avec la levure, vivante et presque remuante. Cette substance magique réagirait-elle en fonction de l'humeur du préparateur ou du four ? Quelle que soit la raison, ces variations participent grandement au charme du pain maison.

Des enfants n'en ayant jamais mangé ont tendance à se jeter dessus et à dévorer tranche après tranche, avant de pousser un profond soupir de soulagement et d'annoncer :

« Je ne peux plus rien avaler. »

Il est facile de surprendre les gens avec des recettes nouvelles proposant de curieuses saveurs.

Cela va du pain aux fines herbes au pain à la banane, en passant par les tomates et les olives, mais ça n'est décidément pas idéal au quotidien. Si vous voulez vraiment vous offrir le meilleur des festins, vous devrez attendre le mois d'août pour mendier quelques épis de blé tout juste sortis de la moissonneuse-batteuse. Passez-en les grains au moulin à café et voyez si le pain qui en résultera n'est pas une révélation.

Depuis quelque temps, on ergote de curieuse manière sur le mot « luxe ». Les idées que s'en font les gens varient énormément. Je ne suis pas certaine de savoir ce qu'est vraiment un « appartement de luxe » ; j'imagine cependant qu'il dispose de l'eau courante et d'un radiateur ou deux. Je reconnais que c'est mieux que rien, mais qu'est-ce au juste que le *vrai* luxe ?

En ce qui me concerne, il me vient aussitôt à l'esprit un week-end hivernal. Je séjournais chez un artiste et son épouse dans le Dorset. Je ne me souviens pas s'il y avait le chauffage central, mais je me rappelle parfaitement que mon hôtesse est entrée dans ma chambre avant le petit déjeuner, un fichu sur la tête, afin d'allumer à mon intention un feu dans la cheminée. Si vous ne vous êtes jamais habillé devant un feu de cheminée, alors vous ne savez pas ce qu'est le luxe.

Mes hôtes possédaient en outre une demi-vache – l'autre moitié appartenait à un fermier –, ce qui fait qu'ils consommaient non seulement de la crème authentique mais aussi du vrai beurre, un produit des plus rares assurément.

Je ne peux m'empêcher de comparer cette maison avec certaines demeures bien plus vastes disposant de radiateurs électriques, et dont certaines, bâties sur un immense domaine, possèdent leurs propres fermes où l'on trait des troupeaux entiers de vaches. Mais personne ne s'y donne la peine d'écrémer le lait et de baratter pour produire ce que les livres de cuisine d'autrefois appelaient le « meilleur des beurres ».

Alors mes amis du Dorset remportent haut la main la palme du luxe. Rien ne vaut un feu de cheminée, un quart d'hectare et une demi-vache.

Pourrions-nous enfin proscrire les femmes qui veulent devenir membres de clubs masculins, les *Cupressus leylandii*, les petits encarts publicitaires qui s'échappent des pages des magazines (et, dernièrement, les imprimés qui s'échappent de ces mêmes encarts), les gens qui disent « parler avec » quand ils veulent dire « à », les fleurs dans l'âtre, les pies, le papier à lettres où l'adresse figure en bas (et, pis, cette ruse américaine qui consiste à imprimer l'adresse au dos de l'enveloppe que vous jetez à la poubelle), les présentatrices météo, les cintres d'hôtel, les bernaches du Canada, le mot « partenaire », les distributeurs de savon liquide dont vous devez pousser un bouton introuvable, les faucons, la participation du public à la télévision comme à la radio, les jeux de mots en guise de gros titres dans la presse et les grilles fermées à clef ?

Pourrions-nous remettre à l'honneur la faux, le Bovril* pour malades, les véritables chaussures

* Voir note de la p. 38. *(N.d.T.)*

de marche, le rituel du deuil, le silence, les femmes au foyer, les télégrammes, le grand nettoyage de printemps, la neige en janvier plutôt qu'à l'époque de l'agnelage, les infirmières en uniforme, les muffins, le Livre de prières de 1662, les tabliers pour petits garçons, Bud Flanagan*, Ethel Merman** et Elvis Presley ?

* 1908-1968. Cet acteur américain composa des chansons populaires. *(N.d.T.)*

** Chanteuse et actrice américaine (1908-1984) qui fut l'interprète favorite du compositeur Cole Porter. *(N.d.T.)*

Les temps modernes

La duchesse et ses poules. (© D.R.)

Elvis est de retour et on pourra le voir dans toutes les grandes villes du royaume – sa tournée débutera à Newcastle. Ce spectacle incroyable est une expérience profondément bouleversante ; je le sais pour y avoir déjà assisté.

Presley apparaît soudain sur un écran géant dans un stade immense, des milliers d'admirateurs contemplent son beau visage et sont transportés par sa voix extraordinaire. Et comme si ça n'était pas suffisant, ses fidèles musiciens entourent l'écran et jouent pour de vrai, le pianiste inimitable, le guitariste inspiré, le batteur déchaîné et tous les autres... Les Sweet Inspirations, les chanteurs qui l'accompagnaient jadis, sont là eux aussi. Ils portent des vêtements un peu plus larges qu'au bon vieux temps, mais ils nous procurent toujours autant de joie.

Les adorateurs d'Elvis Presley connaissent par cœur ses chansons et le moindre de ses gestes. Ils sont incapables de rester tranquilles sur leur siège jusqu'à ce que le stade tout entier applaudisse à tout rompre et se mette à hurler pour honorer le plus grand artiste à avoir jamais posé les pieds sur une scène.

ELVIS EST VIVANT.

De fait, on l'aperçoit souvent aussi dans les supermarchés. J'aimerais tellement qu'il apparaisse dans notre boutique d'Elizabeth Street à Londres* !

---

* Chatsworth Farm Shop, où sont vendus les produits des fermes du domaine. *(N.d.T.)*

Un magnifique poste de télévision a été installé. En fait, pas vraiment magnifique : il s'agit d'une énorme masse noire, morte lorsqu'elle est éteinte et qui, une fois allumée, passe l'essentiel de son temps à diffuser des images de mort.

Mais je ne suis pas en train de critiquer les programmes. Je pense plutôt aux difficultés rencontrées par les utilisateurs. Le poste précédent était si aimable et si facile d'accès ! Il vous suffisait d'appuyer sur un bouton qui ressemblait à une boîte d'allumettes, et l'appareil fonctionnait aussitôt : vous n'aviez plus qu'à sélectionner la chaîne 1, 2 ou 3, à votre guise.

Mais aujourd'hui j'ai dû engager un professeur particulier pour pouvoir passer mon bac Télévision. J'ai été recalée à l'examen.

Vous devez appuyer des deux mains (pourquoi des *deux* à la fois ?) sur tant de minuscules carrés caoutchouteux ! Ces touches anonymes sont redoutables pour quiconque n'a pas de longs ongles pointus (tel est mon cas), car si vous ne visez pas avec la plus grande précision, vous vous retrouvez avec un film décrivant une violente tempête de grêle à minuit au lieu des courses de chevaux de Kempton Park ou de Jon Snow* sur le point de fondre sur sa victime.

Mon professeur me demande de faire attention et m'explique qu'en réalité je n'aurai besoin de presser que quatre de ces boutons caoutchouteux, deux sur chacune des télécommandes que j'empoigne comme des paires de castagnettes.

Tandis que ses paroles résonnent encore à mes oreilles, je me rend à Bakewell et j'achète de nombreux adhésifs afin de condamner les touches superflues. C'est alors que je réalise que j'ai oublié lesquelles sont les bonnes... or mon professeur est déjà rentré chez lui.

Je ne saurai jamais à quoi servent les quarante autres. Mon Dieu, j'aurais bien aimé que le fabricant s'abstienne de les placer sur les télécommandes. Oh ! que ne donnerais-je pas pour une télévision d'antan ? Rien de plus que le bouton « On/Off » et les chaînes 1, 2, 3 et 4.

---

* Journaliste britannique célèbre pour ses interviews musclées. *(N.d.T.)*

L'emballage des marchandises est à s'arracher les cheveux et il est désormais impossible d'ouvrir les produits les plus simples. Si vous achetez une brosse à dents, un stylo ou une pince à épiler, il vous faut des ciseaux tranchants et résistants pour traverser la cuirasse de plastique qui les protège. Comme votre paire ne fait pas l'affaire, vous sortez en acheter une autre. Mais celle-ci est elle aussi recouverte d'une pellicule épaisse et brillante. Les mains et les ongles d'un être humain ne sont pas conçus pour en venir à bout.

Vous déchirez, tirez, frappez et mordez, sans grand résultat. Vous ne pouvez qu'observer l'objet de votre convoitise, sous son enveloppe ajustée, luisante et impeccable, sans espoir de pouvoir enfin y avoir accès.

Vous achetez paire de ciseaux sur paire de ciseaux, et elles viennent s'aligner à côté des produits qu'elles étaient censées libérer de leur gangue plastifiée. Si un « ouvre-emballage de ciseaux » se cache parmi les objets terrifiants proposés par le magasin John Bell and Croyden, nul doute qu'il sera lui-même hermétiquement empaqueté, et seul un scalpel permettrait de l'ouvrir.

Quelques jours après la publication de ce billet, un scalpel anonyme est arrivé par la poste, et avec lui le bonheur est entré dans la maison.

L'une des lubies les plus curieuses de ces dernières années consiste certainement à acheter de l'eau en bouteille afin de la boire à la maison. D'accord, je sais qu'à Londres l'eau du robinet a un goût infect et que Nanny dirait : « N'y touche pas, chérie, tu ne sais pas d'où elle vient ! » (parfois on nous explique sa provenance, et cela prouve que Nanny avait raison), mais la plupart du temps l'eau du robinet a le même goût que celle en bouteille, et elle est parfaitement délicieuse telle quelle.

Les jolies photos ornant les étiquettes d'eau minérale et les noms évoquant des torrents dans une nature sauvage – d'ailleurs très probablement infestés de microbes – séduisent les acheteurs incrédules. Une fois passé à la caisse, il vous faut traîner ces lourdes bouteilles jusqu'à la voiture, car boire une grande rasade dans le magasin vous procurerait peu de plaisir : vous auriez mauvaise conscience.

Le choix d'eaux semble illimité. Des bouteilles de toutes les formes, de toutes les tailles et même de toutes les couleurs font crouler les étagères des épiceries déjà encombrées de nourriture destinée aux chiens, aux chats et aux oiseaux autant qu'aux êtres humains. J'imagine que les gens achèteront bientôt de l'eau minérale pour animaux domestiques, sinon on les accusera de discrimination envers ces pauvres bêtes.

Mais le plus étonnant reste le prix. Veuillez, s'il vous plaît, noter qu'un litre de lait coûte 43 pence (soit dit en passant, le fermier n'en touche que la moitié) et que l'essence vaut un peu plus de 50 pence le litre, alors qu'il vous faut débourser 79 pence pour la même quantité d'eau minérale.

En tant que commerçante, je dois songer à d'autres produits aussi inutiles pour embrouiller les idées de ces bons vieux acheteurs.

La grande ville la plus proche du domaine de Chatsworth est Chesterfield, et il s'agit d'un endroit où il fait très bon vivre. Il y a quelques années, le panneau indiquant que vous étiez arrivé annonçait : « Chesterfield, centre de l'Angleterre industrielle. » Le texte a été modifié et désormais on peut lire : « Chesterfield, ville de foire historique. » Pourquoi cela ? J'imagine que l'industrie est passée de mode.

Nous vivons dans un parc national, et c'est vraiment très agréable. La politique d'urbanisme de notre région, le Derbyshire, est sévère et équitable, et les planificateurs prennent tout leur temps lorsqu'ils délibèrent, même pour des problèmes relativement simples tels que la construction de nouveaux corps de ferme. C'est bien ainsi qu'il convient d'agir, et les avantages l'emportent largement sur les petites contrariétés. En ce moment, ils s'interrogent sur l'avenir de l'exploitation des carrières, une industrie locale ancestrale. Dans la région, l'extraction de minéraux remonte à des temps immémoriaux, mais désormais barytine et fluorine ont succédé au plomb.

Les règles autorisant le recyclage des carrières épuisées sont strictes, et la nature veille à ce qu'elles ressemblent vite aux paysages rocheux et sauvages des environs, la flore indigène ayant tôt fait d'habiller les parois dénudées. Il n'empêche que des bataillons de protestataires décrivent l'exploitation des carrières comme « une menace pour le parc national ». Le réalisateur d'un documentaire a engagé un comique pour nous expliquer à la télévision que cela devait cesser. Cet homme n'était vraiment pas drôle et, de toute façon, c'est un sujet sérieux. Il a déclaré que « permettre de nouvelles extractions équivaudrait à détruire la cathédrale d'York afin de la transformer en gravats pour le terrassement des autoroutes ». Mais au fait, quels matériaux ont servi à la construction de la cathédrale ? Et d'où venaient ces matériaux ? Je me demande si l'homme qui parlait sur le petit écran s'était posé la question. Pas de carrière, pas de cathédrale. Il a poursuivi en affirmant :

« La région du Peak District est loin d'être le paradis décrit par les gens qui ont créé ce genre de parcs. »

Je suppose que mettre des gens au chômage – des carriers, par exemple – est son idée du paradis. Aujourd'hui, on apprend aux écoliers à détester ce métier. L'un de mes amis, conseiller général dans une autre région, a reçu des lettres d'une classe d'élèves de dix ans, toutes porteuses du même message, dicté à l'évidence par leur instituteur. Ils se plaignaient que des oiseaux et des abeilles terrorisés aient dû prendre la fuite à cause de l'exploitation d'une carrière des environs. Mon ami leur a répondu :

« Vous conduit-on à l'école en voiture grâce à une route ? Habitez-vous dans une maison ? Ne vous est-il jamais venu à l'esprit que les routes et les maisons sont construites avec des pierres et que ces dernières proviennent des carrières ? »

Si le comique de la télévision et l'instituteur obtiennent gain de cause, nous importerons bientôt du granulat pour les routes et des pierres pour les bâtiments alors que nous sommes assis sur des sols qui en contiennent des tonnes. Peut-on imaginer plus irrationnel ?

Les protestataires protestent contre tout. Ils n'aiment pas la chasse au renard, le chant du coq ou l'exploitation des carrières, et maintenant ils affirment que les vide-greniers doivent cesser. J'imagine qu'ils protesteront encore si la chance vous permet d'acheter un Constable dans un champ boueux, tableau qui, une fois expertisé par Henry Wyndham* à la télévision, se révélera être un chef-d'œuvre valant des millions alors que vous n'aurez déboursé que deux livres sterling pour l'acquérir. Longue vie aux activités interdites ! À vous de jouer.

---

* Cette grande figure de Sotheby's apparaît régulièrement à la télévision dans l'émission *The Antiques Roadshow* afin d'expertiser des tableaux. *(N.d.T.)*

Je me demande si les ordinateurs sont responsables des noms et adresses étranges que les clients de certaines entreprises se voient attribuer. Ou s'agit-il de secrétaires fofolles qui pensent à autre chose tout en les rédigeant ? J'aimerais vraiment le savoir. Certaines coordonnées sont incroyablement imaginatives et dotent le client d'une identité, voire d'une nationalité, bien éloignée de sa bonne vieille origine anglaise.

Un catalogue de vente par correspondance croit que je m'appelle « Mr/Mrs Hess of* », comme si j'étais le personnage d'un poème inconnu d'Edward Lear**, ou un membre d'une ancienne famille royale allemande – on m'a d'ailleurs gentiment envoyé un « diplôme récompensant les clients exceptionnels, parfait pour être

---

* Les courriers envoyés à l'auteur sont censés être adressés à la *duchesse de* Devonshire. *(N.d.T.)*

** 1812-1888. Illustrateur et écrivain anglais célèbre pour ses poèmes comiques et absurdes. *(N.d.T.)*

encadré et accroché dans la maison Hess of». Une amie est devenue la vicomtesse Mrrrrrrrrr. Elle trouve qu'il est difficile de prononcer son nouveau nom, qui lui fait penser à ce qu'elle ressentirait si elle entrait dans une baignoire d'eau glacée. Un autre ami, architecte, a été rebaptisé Mr Jebb Ariba, ce qui laisse penser qu'il est né au Ghana ou au Nigeria. Liberty (il ne s'agit ici nullement d'un nouveau catalogue de vente par correspondance mais bien d'une maison établie depuis longtemps, et l'on s'attendrait donc à ce que tout soit impeccable) m'a envoyé un courrier très comme il faut rédigé sur un beau papier à lettres. Sous la date est écrit : « Duchesse D.E.V., Chatsworth, Chatsworth, Chatsworth, Bakewell, Derbyshire. » Il commence par « Cher Monsieur », avant de proposer la description d'une robe « en coton très fin dans un imprimé à ramages d'un style particulièrement féminin décliné en deux gammes de couleurs ». Il ne semble pas leur être venu à l'esprit qu'un « Cher Monsieur » préférerait des pantalons. Et je sais que Chatsworth est vaste, mais il n'est vraiment pas nécessaire de le répéter trois fois car on trouve la demeure sans difficulté avec une seule mention de son nom. J'attends avec grand plaisir et intérêt de découvrir de nouveaux noms et adresses encore plus inspirés sur ces brochures aux couleurs vives qui annoncent que vous avez remporté vingt-cinq mille livres sterling. Regardez de plus près et vous découvrirez que vous êtes hélas la seule personne sur la liste à ne pas avoir gagné. Bizarre.

Je remarque que les quotidiens de gros calibre (au sens propre) traitent chacun à leur manière la question des nécrologies. Le *Times* parlera longuement d'un musicien de jazz noir américain qui aurait peut-être, mais rien n'est moins sûr, joué dans un orchestre avec Fats Waller (que sa mémoire soit bénie). À l'occasion, ils insèrent dans une chronique la photo d'un scientifique d'Europe de l'Est au visage blême, grand spécialiste dans un domaine abstrus et inaccessible aux simples mortels.

Le *Daily Telegraph* détaille les hauts faits des héros de guerre et les illustre avec des photos de ces hommes beaux comme des dieux à l'âge de vingt ans dans leurs uniformes, leur chevelure abondante divisée par une raie impeccable. Le récit de leurs actes de bravoure, qui leur ont valu de nombreuses médailles, se lit comme un thriller, et l'on s'émerveille qu'ils aient survécu jusqu'à quatre-vingts ans et plus.

Le *Guardian* se penche sur bien des hommes politiques ennuyeux et sur leurs existences ternes et honorables, et parfois ils évoquent l'un de ces juges dont le verdict surprenant a fait les gros titres.

L'*Independant* traite la nécrologie d'un ton ferme, et on peut lui faire confiance pour l'exactitude et la drôlerie de ses chroniques, deux caractéristiques qui en général font défaut aux autres.

De manière générale, peu de journalistes résistent à la tendance qui consiste à fouiller dans la vie du défunt. Ils déterrent la moindre peccadille et s'étendent longuement sur la question, alors qu'à cette seule exception il s'agit d'une vie irréprochable entièrement consacrée au service public.

Les tabloïds vocifèrent contre quiconque, même peu connu, ayant appartenu au monde du spectacle ou du sport. Ils trouvent toujours de la place dans leurs colonnes si l'une de ces personnes est décédée dans des circonstances particulièrement sinistres. Ces faits divers ne comptent peut-être pas au nombre des notices nécrologiques, mais c'est ainsi que la presse se contente de traiter quotidiennement ces histoires horribles.

Les magazines spécialisés sont ceux qui donnent le plus de satisfaction. *Poultry World (Le Monde des volailles)* et le bulletin mensuel de la Société de la chèvre proposent parfois des bijoux, mais ma nécrologie préférée a été publiée dans *Horse and Hound (Chevaux et meutes)* à l'époque où chasser le renard ne posait aucun problème. Elle commence par ces mots :

« Ainsi Béatrice s'est éloignée au galop et a franchi le dernier obstacle avant le Grand Inconnu. »

Suit une description de la vie d'une campagnarde indomptable dont la seule passion fut de galoper à travers champs – cette race très particulière qui n'existe que dans nos îles. Et pour finir :

« Galope, esprit joyeux, et puisses-tu trouver ton paradis dans une région aux prés magnifiques ! »

J'espère que tel fut le cas, et souhaitons qu'au Ciel les charrues n'existent pas.

En tant qu'auditrice fidèle de *Today*, cette émission très matinale diffusée sur Radio 4, je suis fascinée par le fait que les gens interviewés sont dans l'impossibilité de répondre à une question simplement par oui ou non. Je classe à part les politiciens, car ils sont coutumiers du style nébuleux, mais de nombreuses autres personnes sont interrogées sur tous les sujets possibles et imaginables, or elles répondent toutes d'une façon incertaine, en tournant autour du pot.

Ces derniers jours, j'ai noté les réponses qui signifiaient oui mais qui étaient alambiquées. Voici les plus fréquentes : « Certainement » ou, pour délayer, « Très certainement » ; « Je suis d'accord » ; « Exactement » ; ou, pour gagner du temps afin d'essayer de deviner la question suivante, « Cela est tout à fait vrai » ; « Absolument » (un mot nouveau qui a tendance à se banaliser) ; « Vous avez raison » ; « C'est ça ! » ; « C'est parfaitement vrai » ; d'autres se contentent du très à la mode « Exact » ; et puis il y a aussi « J'espère bien », en insistant sur le verbe « espérer » et en achevant avec un petit rire.

J'attends avec impatience que quelqu'un réponde « Oui » si cela correspond bien à ce qu'il pense. Le cruel journaliste serait tellement surpris qu'il en perdrait la parole : la radio a les silences en horreur.

Je continuerai donc d'écouter *Today*, et peut-être qu'un matin quelqu'un dira enfin : « Oui ! » Mais la joie suprême serait d'entendre : « Je ne sais pas ! »

J'ai sous les yeux le dossier du prix Turner. Il est rédigé dans un jargon qui n'est vraiment pas facile à décrypter. Les photos des objets d'art récompensés n'aident guère plus à la compréhension.

Le prix Turner est décerné à un « artiste anglais de moins de cinquante ans pour une exposition exceptionnelle ou une présentation de son travail au cours des douze mois précédant le 30 juin ». Le jury est composé de quatre hommes – parfois cinq – à la réputation véritablement irréprochable et d'un chef d'équipe – pardon, d'un président. Les jurés ont la merveilleuse opportunité de déclarer l'artiste coupable et de le condamner à ne pas travailler pendant un certain temps, ce qui lui permettrait normalement de se tenir tranquille un certain temps jusqu'à ce que son art ait gagné en maturité. Mais très étonnamment, au lieu de procéder ainsi, ils lui donnent vingt mille livres sterling. Je suis complètement d'accord pour que les gens s'offrent mutuellement vingt mille livres aussi souvent que possible, mais dans le cas présent la raison me semble très étrange.

Selon la brochure, le lauréat de cette année a « joué à un jeu intéressant à travers la relation art-réalité » et il possède « une sensibilité raffinée dans le traitement de matériaux aussi divers que le carton dur, l'acier broyé et l'asphalte ». Très intéressant. Dans une de ses expositions, « il a présenté une œuvre qui évoque l'espace offert par le couvercle d'une casserole qui ne tient pas en place ». Bien.

L'un des concurrents a exposé une vitrine baptisée *Mille Ans*. Elle contenait une boîte de mouches domestiques, un morceau de viande putréfiée et ce qui ressemble à un tue-mouches électrique. Un autre déclare : « J'ai accès aux plus grandes terreurs des gens. » Un troisième a utilisé des crottes de chien. Ces dernières sont *ma* plus grande terreur et on y a trop souvent accès dans cette maison. J'aurai de quoi fournir un merveilleux matériau de travail à cet artiste lorsque j'aurai un nouveau chiot, alors j'espère qu'il viendra à Chatsworth pour me donner un coup de main. Nous y trouverons tous les deux notre compte.

Et cela continue ainsi dans la même veine, mais pourquoi donc avoir entraîné ce pauvre vieux Turner dans tout ça ? C'est Channel 4 qui donne l'argent du prix. J'aime les cravates de Jon Snow et sa manière de présenter l'actualité, mais je crois que je vais devoir fausser compagnie pour quelque temps au célèbre journaliste.

Je sais que cela n'a rien à voir, mais un lecteur intelligent pourrait-il m'expliquer ce qu'est un saut quantique et me dire où il me serait possible d'en voir un ? Qui sont ces intellectuels qui parlent pour ne rien dire et où me serait-il possible de les écouter ? Et enfin, qu'est-ce qu'une courbe d'apprentissage et comment pourrais-je en escalader une ?

L'autre jour, je suis allée chez Harrods pour acheter un manteau destiné à une amie qui ne pouvait sortir faire son shopping elle-même. Après toutes ces années, la banque du rez-de-chaussée me manque toujours, ainsi que les sièges de cuir vert où mes sœurs et moi nous donnions rendez-vous. Une fois assises, nous bavardions et riions si fort que cela finissait par gêner les autres clients.

L'endroit a bien changé ! Le sol de marbre est glissant et des jeunes femmes agressives vendent là des produits de maquillage interchangeables – seules les étiquettes sont différentes. On ne peut plus bavarder et l'on n'a plus aucune envie de rire.

Mais j'ai surtout été frappée par une scène déconcertante qui s'est déroulée devant le magasin. Il pleuvait des cordes et un vent fort soufflait. Les parapluies des passants se retournaient comme celui de Flying Robert dans *Struwwelpeter**. D'une voiture élégante avec

* Ce livre d'Heinrich Hoffmann (1845) est un classique de la littérature enfantine. *(N.d.T.)*

chauffeur est sorti un couple de personnes âgées, riches et désagréables. Le manteau de vison que la femme avait juste jeté sur ses épaules a glissé sur le trottoir sale. Le portier s'est précipité pour le ramasser, il l'a secoué et replacé sur la dame. Puis il a ouvert la porte pour les laisser entrer, elle et son mufle de mari qui n'avait pas levé le petit doigt pour l'aider. Elle est passée devant l'employé sans se retourner.

« Cette femme ne vous a pas remercié ? ai-je demandé au portier.

– Oh ! non, a-t-il répondu. Personne ne le fait jamais. »

Portraits d'Anglais
et de quelques autres

Le 20 juin 1963, Deborah, son époux Andrew et leur fille Emma reçoivent à Chatsworth Lady Macmillan, épouse du Premier ministre britannique, et le président indien Radhakrishnan. (© Rue des Archives/AGIP VB.)

On a beaucoup entendu parler dans les années 1990 de deux hommes ayant partagé le même lit dans un hôtel français et, comme toujours en pareil cas, on a beaucoup spéculé pour deviner ce qui avait pu s'y passer*. Il suffit de remonter un peu dans le temps pour découvrir que naguère les voyageurs devaient souvent dormir dans le même lit, de gré ou de force. Dans les années 1750, Henry Cavendish, le célèbre scientifique, et son frère Frederick se rendirent ensemble à Paris. À Calais, ils s'arrêtèrent dans une auberge et durent s'installer dans une chambre où quelqu'un occupait déjà le lit. Il s'agissait d'un cadavre préparé pour les obsèques.

La famille Cavendish était célèbre pour ses silences jusqu'à ce qu'une injection opportune de sang Cecil les fît parler bien plus que la

* Le parlementaire David Ashby avait partagé un lit avec l'un de ses amis alors qu'ils étaient en vacances, par mesure d'économie. Les deux hommes démentirent toute relation homosexuelle. *(N.d.T.)*

plupart des gens. Lord Brougham a écrit à propos de Henry qu'il avait probablement prononcé moins de mots au cours de son existence qu'un moine de la Trappe. Ainsi donc, les deux frères n'échangèrent pas une seule parole dans leur chambre funéraire. Ils ne commentèrent l'épisode que le lendemain matin, alors qu'ils avaient déjà parcouru une bonne distance.

Frederick finit par dire :

« Frère, as-tu remarqué ?

– Oui, frère, j'ai remarqué », répondit Henry.

Imaginez un instant qu'une telle mésaventure se produise aujourd'hui. Tout d'abord, le directeur de l'hôtel serait convoqué et on lui passerait un savon ; c'est ainsi que réagissent les voyageurs gâtés qui n'aiment pas découvrir un mort dans leur chambre. Puis les gros titres proclameraient : LES NEVEUX D'UN DUC PRATIQUENT LA NÉCROPHILIE DANS UN HÔTEL FRANÇAIS. Sans parler de la question de l'inceste...

J'ai regardé à la télévision *Réputations*, une émission consacrée à Oncle Harold*. C'était vraiment étrange de voir sa vie privée, et celle de Tante Dorothy, défiler sous nos yeux comme l'intrigue d'un film. Il aurait considéré comme incommensurablement vulgaire cet engouement pour de tels divertissements. Et je pense de même. Les caractéristiques principales de Dorothy Macmillan étaient son charme, son énergie et son côté terrien ; elle n'avait aucune prétention. Elle était l'une des rares personnes que j'aie connues à ne jamais modifier son comportement en fonction de son interlocuteur, quel que fût son statut – aujourd'hui, les gens parlent presque autant de classes sociales que de sexe. Elle vous accordait toute son attention, riait facilement, ne lisait pas, n'était pas très dégourdie,

* Harold Macmillan (1894-1986), Premier ministre de Grande-Bretagne de 1957 à 1963, était l'oncle par alliance de l'époux de Deborah. Il avait épousé Lady Dorothy, fille du neuvième duc de Devonshire. *(N.d.T.)*

mais c'était une militante infatigable. On m'a toujours dit que les élections de Stockton-on-Tees avaient été gagnées grâce à elle. Son passage à Downing Street est resté célèbre pour ses goûters d'enfants et pour les branchages – plutôt que les fleurs – qu'elle rapportait du jardin de Birch Grove à l'arrière de sa voiture.

À l'époque où Oncle Harold était ministre du Logement, Andrew, mon mari, était président de l'Association des entreprises du bâtiment. Il semblait donc tout indiqué qu'Andrew demandât à sa tante d'assister à leur dîner annuel en qualité d'invitée d'honneur.

« Devrai-je porter ma plus belle robe ou l'autre ? » lui demanda-t-elle.

La seule pensée de cette deuxième robe nous laissa songeurs.

Bien entendu, Harold était à la fois un intellectuel et un homme politique, cela ne fait aucun doute ; mais il a été victime de cette erreur, si fréquente, qui consiste à cataloguer les gens. On a passé sous silence l'intérêt qu'il portait aux activités éditoriales de la famille et à de nombreuses facettes du quotidien. Ainsi se passionnait-il pour les sports de plein air. La presse appelait cela la manie de la chasse à la grouse dans les landes de bruyère. Après son mariage, le beau-père s'était attendu en effet à ce qu'il partît chasser, même s'il n'avait jamais tenu un fusil de sa vie. Reg Choose, l'un des gardes-chasse de Chatsworth, qui était un homme délicieux, fut chargé de l'initier. Oncle Harold apprit très vite. Des années plus tard, Reg et moi avons assisté à l'un de ses exploits tandis que des faisans en grand nombre, poussés par le vent, volaient très haut au-dessus d'une vallée.

« Le Premier ministre n'est-il pas un bon fusil ? demandai-je.

– Si, répondit Reg fièrement. Je lui ai appris à tirer et désormais il peut faire face à toutes les situations. »

À l'âge de quatre-vingt-dix ans, Oncle Harold séjourna chez nous pendant trois mois. Jamais je n'oublierai son extrême courtoisie. Il dînait souvent seul avec moi, et je suis certaine qu'il aurait apprécié la présence d'autres convives à notre table. Mais il me parlait comme si j'étais un autre Premier ministre à la retraite, et j'en vins presque à penser que je l'étais.

Il passait l'essentiel de ses journées assis dans un fauteuil de sa chambre à écouter des enregistrements de romans d'Anthony Trollope*. (J'étais nerveuse lorsqu'il s'assoupissait, effrayée à l'idée que son cigare pût tomber dans la corbeille à papiers en osier à côté de lui.)

Une fois, il me dit que les gens qui lui fournissaient ces cassettes avaient fait une erreur :

« Je crois qu'il y a quelque chose qui cloche. Ils m'ont envoyé un curieux livre intitulé *Jim la*

* 1815-1882. Romancier britannique dont les romans les plus célèbres sont inspirés par les milieux religieux. *(N.d.T.)*

Chance et signé d'un certain Amis*. As-tu jamais entendu parler de lui ? Je ne l'aime pas beaucoup. Ce doit être un homme très bizarre. »

Il était frêle et marchait lentement en traînant les pieds le long des couloirs interminables. Il n'arrivait pas à trouver la porte d'entrée, et un jour je l'entendis marmonner :

« Le problème avec cette maison, c'est qu'il faut faire des doubles six pour en sortir. »

Ses relations avec John Fitzgerald Kennedy étaient impayables. Le président n'avait jamais côtoyé un personnage aussi singulier, et on aurait pu dire la même chose d'Oncle Harold. Ils nouèrent une amitié improbable, et à chaque nouvelle rencontre ils étaient toujours plus surpris et amusés l'un par l'autre. Ils se parlaient au téléphone pendant des heures, en général au beau milieu de la nuit. Tous deux me racontaient ces conversations. À l'époque, on commençait à nommer les organisations internationales par leur sigle. Une nuit, après avoir évoqué Castro, ils en vinrent à discuter de l'OTASE et de l'OTAN**. L'espace d'un instant, Oncle Harold fut désarçonné quand le président lui demanda :

« Et comment va DEBO ? »

Lorsque Mrs Thatcher accéda au poste de

---

* Dans son roman *Jim la Chance* (1954), l'Anglais Kingsley Amis (1922-1995) met en scène le monde des « jeunes gens en colère » en lutte contre le système social. *(N.d.T.)*

** Organisation du Traité de l'Asie du Sud-Est et Organisation du Traité de l'Atlantique Nord. *(N.d.T.)*

Premier ministre qui avait été le sien pendant des années, elle vint lui rendre visite.

« Oh ! très bien, dis-je à mon oncle, et avez-vous bavardé ?

– Moi pas, répondit-il, mais elle oui. »

Les manières impeccables de Harold étaient souvent mises à rude épreuve lorsqu'il séjournait chez nous. Je ne suis pas très douée pour les plans de table, et au cours d'un dîner j'ai réalisé qu'il était assis entre mon fils et l'un de ses amis, tous deux en première année à Eton. Comme toujours, le pays traversait une crise politique et le Premier ministre était plongé dans ses propres pensées, tandis que les garçons cherchaient avec inquiétude un sujet de conversation approprié.

Après un long silence, j'entendis Peregrine, mon fils, lancer à son voisin :

« Oncle Harold, selon l'*Old Moore's Almanack*, ton gouvernement sera renversé en octobre ! »

Je n'oublierai jamais l'élégance de la réponse. Après un silence de rigueur, Harold répliqua :

« Oui, je crois bien qu'ils ont raison. »

Il y aura bientôt dix ans, Jean-Pierre Béraud décédait prématurément dans un accident. Il avait quarante ans. Sa mort jeta un froid glacial sur Chatsworth. Pendant longtemps, nous n'avons pu croire qu'un homme aussi débordant de vie ait pu disparaître à jamais. Il laissait un souvenir impérissable à quiconque l'avait rencontré. J'en veux pour preuve le nombre de lettres que je reçus après son décès. Elles venaient de parents, d'amis, de relations diverses et de parfaits étrangers. Le prince de Galles, divers officiels, des P-DG ayant dîné dans la salle des Carrosses et des gens que je connaissais à peine m'écrivirent comme si j'avais perdu un membre de ma famille.

Ce jeune cuisinier avait quitté la banlieue parisienne pour s'installer en Angleterre, et c'est à Chatsworth qu'il se fit un nom.

Notre première rencontre fut des plus comiques. L'un de mes gendres nous servit d'interprète, Jean-Pierre ne sachant que deux ou trois mots d'anglais et moi, à ma grande honte, n'ayant jamais appris le français. Je fis demander à ce garçon de vingt-deux ans s'il savait préparer une *sauce béarnaise**. Il me jeta un regard de pitié et je compris que j'avais fait une gaffe.

Dans un premier temps, il accepta de passer trois mois à Chatsworth. Je dus lui mimer chaque légume jusqu'à ce qu'il ait appris suffisamment d'anglais pour nous permettre de communiquer sur l'essentiel.

Son ambition était de partir pour l'Amérique et d'y faire fortune. C'est à regret que je l'aidai à trouver un emploi outre-Atlantique et il nous manqua beaucoup. Mais quelque temps plus tard, alors qu'il exerçait ses talents à New York et aux Bahamas, la reine Élisabeth et le prince Philip vinrent séjourner à la maison. Je convainquis Jean-Pierre de traverser l'océan pour régaler nos hôtes... et il ne retourna jamais aux États-Unis.

La vie avec lui n'était pas toujours un long fleuve tranquille. Ainsi prit-il l'habitude de faire irruption dans ma chambre en demandant pourquoi il ne pouvait pas obtenir telle ou telle chose IMMÉDIATEMENT, pourquoi tout était si lent ici à Chatsworth. Mais il sauva de la fermeture la Boutique de la ferme alors que nous vendions à perte, et c'est lui qui jeta les bases de ce qui allait devenir le prospère restaurant de Chatsworth dans la salle des Carrosses. Son énergie n'était nullement entamée par le fait de cuisiner pour deux personnes âgées et les invités qu'ils recevaient de temps à autre. C'est ainsi que, bien avant d'en prendre la direction, il faisait un tas de choses pour la Boutique de la ferme tout en comptant précisément chaque gramme de farine et chaque seconde de son temps. Un hiver, il fit lui-même des kilos de marmelade destinés à la vente puis entra violemment dans ma chambre en déclarant qu'il ne découperait plus jamais une orange – figurez-vous que je ne lui avais jamais demandé de le faire...

Quand nous avons repris en main l'hôtel Devonshire Arms à Bolton Abbey, Jean-Pierre s'installa aux fourneaux pendant quelques mois. Il comprit en outre que les cours de cuisine étaient en vogue et, toujours consciencieux, prit lui-même des cours pour s'initier à un tel enseignement. Son succès fut tel qu'à sa mort il était sur le point de faire ses débuts à la télévision.

Dès qu'une chose me préoccupait, je lui demandais :

« Mais qu'allons-nous faire ? »

Sa réponse était invariable :

« NE VOUS INQUIÉTEZ PAS. »

Parmi les merveilleuses lettres reçues après sa disparition tragique, il y en avait une de mon ami Peter Day :

« La cuisine est un art, mais elle n'appartient pas à la catégorie des beaux-arts ou des arts appliqués, il s'agit bien plus d'un art de représentation, comme la danse, le théâtre ou le chant. Elle appartient à l'instant présent puis disparaît, il faut toujours mettre dans le mille. »

Ces lignes s'appliquaient parfaitement à Jean-Pierre. Il avait coutume d'offrir à son public, quel qu'il soit, des moments de plaisir et d'enchantement – quelque chose qu'il lui fallait renouveler avec précision jour après jour.

Ce garçon compte parmi les personnages les plus remarquables qu'il m'ait été donné de côtoyer. Un véritable ami pour Chatsworth autant que pour moi.

Paddy Leigh Fermor a quatre-vingt-dix ans. C'est impossible. Pourtant, on me dit qu'il est né en 1915 et qu'il vient de fêter son anniversaire aujourd'hui même. Il marche ou nage encore durant des heures, selon qu'il se trouve en Angleterre ou en Grèce. Ma dernière petite-fille l'adore, tout comme les gens de sa génération. Il est pour nous tous un héros sur qui le temps n'a pas de prise.

Je l'ai rencontré il y a plus de cinquante ans à Londres au cours d'un bal costumé. Il était déguisé en gladiateur de la Rome antique, armé d'un filet et d'un trident, et cette tenue lui allait à merveille. Bien sûr, j'avais entendu parler de lui. Comme tout le monde. Dès 1956, le film *Intelligence Service**, avec Dirk Bogarde dans le rôle de Paddy, retraçait ses exploits dans la Crète occupée par les nazis. Il passe encore de temps à autre à la télévision.

---

* Film de Michael Powell. *(N.d.T.)*

Paddy et son grand ami Xan Fielding* vécurent dans les montagnes crétoises déguisés en bergers – jamais je ne lui confierai mes moutons, mais peu importe. Le 26 avril 1944, Leigh Fermor et Billy Moss, un officier des Coldstream Guards, kidnappèrent le général Kreiper qui commandait les troupes allemandes (ce qui leur vaudrait d'être décorés du DSO**). Ils enfournèrent leur trophée dans le coffre de sa propre voiture. Tandis que Billy Moss conduisait à travers une ville plongée dans l'obscurité, Paddy avait coiffé la casquette du général au cas ou quelqu'un les aurait vus.

Après avoir marché quatre heures en montagne, ils atteignirent une grotte qui leur offrit un refuge relativement sûr. Le lendemain matin, lorsque le prisonnier vit le soleil levant illuminer la neige au sommet du mont Ida, il déclama un vers d'Horace. Son ravisseur répliqua en récitant les six strophes suivantes. Un tel duel doit être unique dans l'histoire de la Deuxième Guerre mondiale.

À l'âge de seize ans, Leigh Fermor avait été renvoyé de la King's School de Canterbury pour avoir tenu la main de la fille d'un marchand de primeurs tandis qu'ils étaient assis sur un cageot de légumes. Que faire ensuite ? Il essaya vaguement d'intégrer l'armée, mais comme cela ne

* 1918-1991. Cet écrivain fut pendant la Seconde Guerre mondiale un agent secret héroïque. *(N.d.T.)*

** Distinguished Service Order. *(N.d.T.)*

semblait pas lui correspondre, il musarda à travers Londres en se faisant des amis pour la vie. À dix-huit ans – « et trois quarts », déclare-t-il avec exactitude –, ne pouvant se payer un billet de train, il décide de se rendre à Constantinople... à pied, mais ce n'est que bien des années plus tard qu'il raconta son périple dans deux livres, *Le Temps des offrandes* (1977) et *Entre fleuve et forêt* (1986)* ; ils remportèrent de nombreux prix littéraires et furent traduits dans bien plus de langues que Paddy n'en parle probablement.

Leur amour pour la Grèce les poussa, lui et sa femme Joan, à construire une magnifique maison au bord de la mer, à Kardamyli dans le Magne. Ils vécurent sous une tente et travaillèrent avec les maçons jusqu'à ce que cette demeure devienne l'endroit idyllique où ils résident encore aujourd'hui.

Paddy est l'un de ces oiseaux rares qui ne modifient jamais leur comportement en fonction de la personne à qui ils s'adressent. Les enfants reconnaissent en lui une âme sœur. Avec son incroyable érudition et sa mémoire prodigieuse, il est pratiquement capable de vous déclamer n'importe quoi – comme il l'a fait devant le général Keipel.

J'ai des piles de lettres de lui. En général, elles commencent par « Je suis très pressé » ou « Je

* Paris, Payot, 1991 et 1992. Ces deux titres ont été réédités en 2003 dans la « Petite Bibliothèque Payot/Voyageurs ». *(N.d.T.)*

suis terriblement pressé », et son écriture le démontre parfaitement. En voici une qui date de 1956. À l'évidence, j'avais oublié de lui demander de me prêter main-forte le jour de mes obsèques :

« Le plaisir de lire ta charmante lettre a été gâché par toute cette histoire de porteurs de cercueil. Tu m'expliques que tu vas enrôler John et Xan alors qu'à moi tu ne demandes rien, même par allusion. J'ai pourtant exactement la taille requise, je possède un costume sombre, je sais marcher à pas mesurés, et ce jour-là j'aurai vraiment l'air triste. »

Cinquante ans plus tard, il va falloir que je reconsidère sa proposition...

Il m'a envoyé un jour un compte rendu hilarant d'un séjour désastreux chez Somerset Maugham à la Villa mauresque. Ann Fleming* l'y avait emmené. Le premier jour tout se passa bien, mais la situation se dégrada très vite lorsque Paddy se mit à imiter un bègue. Maugham était lui-même victime de cette infirmité et cela le rendait extrêmement susceptible. N'en pouvant supporter davantage de la part d'un invité, le maître de maison lui serra maladroitement la main et déclara :

« Bien, je vous dis bonne nuit mais également au revoir puisque je serai toujours au lit lorsque vous partirez demain matin. »

---

* Épouse de Ian Fleming, créateur du personnage de James Bond. *(N.d.T.)*

Mais le pire restait à venir :

« J'avais une nouvelle valise avec une fermeture Éclair, raconte Paddy. En remontant celle-ci j'ai coincé un morceau du magnifique drap de lin irlandais sur lequel était brodé "WSM". Il s'est déchiré avec un bruit à fendre le cœur. Il ne me restait plus qu'à décamper. »

Notre ami se consola en apprenant plus tard qu'« on avait demandé à Cyril Connolly* de quitter la Villa mauresque après qu'il avait cueilli et mangé le dernier avocat du seul avocatier de la propriété ».

De telles lettres me font attendre avec impatience l'arrivée du facteur. Mon époux considérait Patrick Leigh Fermor comme un Byron des Temps modernes et jugeait tout a fait approprié que ces deux héros aient le même éditeur.

---

* 1903-1974. Écrivain et critique anglais, auteur notamment du *Tombeau de Palinure*. *(N.d.T.)*

Nous avions vu quelques portraits peints par Pietro Annigoni* et Andrew décida de lui commander le mien. En 1954, je dus me rendre quotidiennement dans son atelier londonien pendant un mois. Nous ne pouvions discuter ensemble ; son anglais était rudimentaire et moi je ne parlais pas un mot d'italien. Son téléphone sonnait souvent et je répondais à sa place : il s'agissait généralement d'une petite amie.

Annigoni ne me demanda pas mon avis sur la manière dont je devais poser ; il était le Maître et lui seul décidait. Il commençait presque toujours par peindre en fond un paysage imaginaire qui était en quelque sorte sa signature. J'eus le sentiment que faire mon portrait n'était qu'une corvée pour lui.

Mon expérience avec Lucian Freud**, deux ans plus tard, fut bien différente. Lucian est un

* 1910-1988. Ce peintre italien fut surtout célèbre pour ses portraits, dont celui d'Élisabeth II. *(N.d.T.)*

** Né en 1922 à Berlin, le petit-fils de Sigmund Freud

vieil ami, c'est un homme charmant et généreux – du moins avec ses proches. Je crois que j'étais le troisième membre de notre famille à poser pour lui. Je passais trois heures chaque matin dans son atelier lorsque j'étais à Londres, et cela dura plusieurs mois. Je me souviens encore de la forte odeur de peinture qui imprégnait la pièce. Il procédait très lentement, commençant souvent un portrait par un œil.

Parfois, lorsque j'arrivais, il me disait :

« J'ai passé une nuit merveilleuse ! J'ai effacé presque tout ce que j'avais fait hier. »

Les gens disent souvent que j'ai l'air triste ou contrariée sur ce tableau. Je défie quiconque de n'avoir pas l'air un peu raide en posant si longtemps !

Il y avait quand même des interruptions – et aussi des visites d'huissiers. Lucian est un joueur invétéré, et sa vie semble changer du tout au tout d'un jour à l'autre. Lorsqu'il mettait son véhicule en gage, je lui prêtais le mien. Une fois, débarquant chez lui pour une énième séance de pose, je le vis brandir les clefs de ma voiture en déclarant :

« C'est tout ce qui reste ! »

Elle avait été volée.

Je ne suis pas certaine de pouvoir dire si tel ou tel portrait de moi est réussi ou non. Je trouve

---

obtint la nationalité britannique dès 1939. Grand ami des Devonshire, il peignit plusieurs membres de la famille. *(N.d.T.)*

ma tête un peu grosse dans celui d'Annigoni, bien qu'il s'agisse d'un tableau plutôt flatteur.

Lucian Freud, lui, saisit l'essence des gens. Il n'aime pas que l'on voie son travail tant qu'il n'est pas achevé. Quand Andrew pénétra enfin dans l'atelier pour découvrir mon portrait, quelqu'un d'autre s'y trouvait déjà. Mon mari regarda longuement l'œuvre, jusqu'à ce que l'homme lui demande :

« De qui s'agit-il ?

– De ma femme.

– Eh bien je remercie Dieu que ce ne soit pas la mienne ! »

De saines lectures

Une partie des employés de Chatsworth devant le château.
(© John Giles/AP/Sipa Press.)

J'ignore pourquoi on m'a demandé de contribuer à cette série d'articles où vous devez choisir dix livres et expliquer pourquoi vous les emporteriez pour passer le temps au cours d'un voyage en Transsibérien. J'ai lu très peu de livres, et les terminer m'a coûté tant d'efforts que j'ai souvent fait le serment de ne plus jamais en commencer un autre ! Arriver à la fin d'une histoire passionnante ou assister à la mort inévitable du personnage d'une biographie, c'est perdre un ami qui vous est devenu indispensable de jour comme de nuit grâce aux bons offices de l'auteur. Inutile de dire que vous pourrez toujours relire cet ouvrage. Ça n'est jamais pareil la seconde fois.

J'imagine que regarder par la fenêtre du wagon en espérant apercevoir un ours ou une zibeline peut devenir lassant après avoir vu défiler un premier million de bouleaux. C'est pourquoi je dois sélectionner une dizaine de livres plus assommants encore, expliquer les raisons de mon choix et m'épuiser à gravir les hautes marches du train avec cette cargaison

– j'espère au moins qu'il ressemblera au train de la première scène d'ouverture du film *Anna Karenine*.

Avec les dictionnaires, vous ne vous inquiétez pas autant de savoir si vous serez triste en arrivant à la fin, car on les lit rarement de la première à la dernière page, ce qui fait qu'ils ne vous captivent pas de la même manière. Mais surtout, vous oubliez en vieillissant ce que vous venez d'y chercher (et pourquoi), et c'est avec joie que vous vous y replongez presque aussitôt. Le dictionnaire des citations publié par l'université d'Oxford fera parfaitement l'affaire et je ne cesserai jamais d'être surprise par le nombre de proverbes tirés des œuvres de Shakespeare et de la Bible. Je suis habituée à notre vieil exemplaire avec sa reliure de toile bleue couverte de taches sombres – on y a posé des verres de vin.

Le deuxième ouvrage que je choisirai est court. Il ne compte que mille deux cent trente-sept mots, et les auteurs de biographies de mille pages consacrées à des hommes politiques ennuyeux – celles-là mêmes qui encombrent les chambres d'amis de Chatsworth – devraient en tirer des leçons. Il s'agit d'un petit volume impeccable et accessible à tous qui contraste heureusement avec l'épaisseur du dictionnaire précédemment cité. Ses caractères sont parfaitement imprimés, et pour ce qui est des illustrations il ne le cède à nul autre. En tant que commerçante, je le vénère et le considère comme le meilleur livre jamais écrit sur la vente au détail. Il s'intitule

Ginger and Pickles et son auteur est Beatrix Potter.

Nous sommes à l'époque victorienne. Ginger, le matou au pelage jaune, et Pickles, le terrier, tiennent une épicerie de village où les clients trouvent presque tout ce qu'ils cherchent. Les habitants du pays – lapins, rats, souris, grenouilles et tortues – s'y fournissent tous, bien que les souris soient plutôt apeurées face à Ginger et que les rats craignent Pickles. Ginger a d'ailleurs demandé à Pickles de servir les souris car elles lui mettent l'eau à la bouche, et l'idée de les voir partir avec leurs petits paquets lui est presque insupportable. Pickles ressent la même chose envers les rats. Mais ils ont compris que dévorer les clients serait une mauvaise chose pour le commerce. Les rats dépensent des fortunes et la note de Samuel Whiskers est aussi longue que sa queue.

Malgré la nervosité que leur inspirent les propriétaires, toutes ces créatures se pressent dans le magasin pour acheter surtout des caramels. Mais Ginger et Pickles vont commettre l'erreur d'accorder un crédit illimité. Personne ne paie plus et le tiroir-caisse reste vide. Nos commerçants n'ont plus les moyens de s'acheter de la nourriture et en sont réduits à consommer leurs propres marchandises après la fermeture du magasin. La situation ne cessant d'empirer, ils finissent par faire faillite, ferment l'épicerie et quittent le métier dans l'indifférence générale. Leur concurrente, la chatte Tabitha Twitchet, dont le monopole est désormais absolu, augmente tous ses prix d'un demi-penny.

Pickles devient garde-chasse et Ginger, entouré de pièges et de collets, prend de l'embonpoint dans une garenne. De cette façon, ils se vengent de leurs débiteurs.

Quelque temps plus tard, un loir et sa fille se mettent à vendre des pastilles à la menthe et des bougies. Quand on lui reproche de fournir à ses clients des bougies qui s'affaissent par temps de canicule, il reste au lit et ne fait qu'un commentaire : « Très douillet. » Ce qui, nous apprend l'auteur, n'est pas la meilleure façon de gérer un commerce de détail. Bref, la morale de l'histoire est la suivante : ne vendez pas de marchandises de mauvaise qualité et ne faites jamais crédit.

Mon troisième livre est *Entre fleuve et forêt* de Patrick Leigh Fermor*. Je suis au regret de dire que je ne l'ai pas lu, mais je le regarde tous les jours et il est posé sur ma table de chevet depuis sa sortie – c'est-à-dire depuis vingt ans. Il tombe dans la catégorie dangereuse entre toutes : je sais que si je suis assez téméraire pour le commencer, il va me manquer terriblement une fois terminé. Mon voyage en Transsibérien serait pour moi l'occasion idéale d'essayer de me plonger dans ce récit d'un autre voyage, mais si je ne l'ai toujours pas fait en arrivant à l'autre bout du monde, après m'être débattue avec les autres volumes, je

* Voir note de la p. 181. *(N.d.T.)*

pourrai toujours continuer à regarder la couverture d'*Entre fleuve et forêt* comme je le fais depuis des années.

Quatrième livre : *The Best of Beachcomber (Le Meilleur du ratisseur de plage)* de J.B. Morton*. Le monde a perdu la tête depuis l'époque où sa chronique dans le *Daily Express* faisait nos délices, et aujourd'hui, dans la vie réelle, on rencontre un peu partout ses personnages qui jadis nous paraissaient si outrés.

The Curse of the Wise Women (La Malédiction des femmes de sagesse) de Lord Dunsany** occupe la cinquième place dans mes choix. Tous les hommes politiques qui souhaitent comprendre l'Irlande et les Irlandais devraient être obligés de le lire. Bien que cela fasse soixante-dix ans qu'il a été publié et que les événements décrits se soient déroulés il y a une centaine d'années, rien n'a vraiment changé. Montagnes et fondrières sont décrites par un homme qui a passé son enfance au cœur même de la véritable Irlande. Les lignes qu'il consacre à la chasse me

---

* Jamais traduit en français, J.B. Morton (1893-1979) est un écrivain dont les Anglais adorent l'humour surréaliste. Pendant plus de trente ans, sa chronique du *Daily Express*, « Le ratisseur de plage », a évoqué avec une loufoquerie irrésistible une société anglaise imaginaire. *(N.d.T.)*

** 1878-1957. Cet écrivain d'origine irlandaise est largement méconnu des Français. Grand ami de Rudyard Kipling, il fut à la fois explorateur, romancier, auteur dramatique et poète. Il est considéré comme l'un des pères de la littérature fantastique. *(N.d.T.)*

font soupirer de soulagement, car si Mr Blair fait voter des lois en Angleterre, il n'a pas le pouvoir d'interdire la chasse au renard en Irlande. Il devrait lire Lord Dunsany. Si tant est qu'il ait un peu d'imagination, il sera convaincu et captivé par tant d'émotion, par le fait d'entendre la meute aboyer dans un paysage hivernal désertique tel qu'on pouvait en contempler dans l'ouest de l'Irlande il y a cent ans.

Je ne pourrais partir en Sibérie sans un sixième livre, *The Oxford Book of English Verse*, pas la nouvelle édition, élégante, énorme et intransportable, mais l'anthologie de la poésie publiée au tout début du XXe siècle par Arthur Quiller-Couch et réimprimée en 1920 sur papier bible. En ouvrant mon exemplaire, je lis : « Unity Mitford, offert par oncle G., 8 août 1925. » Ma sœur fêtait son onzième anniversaire.

À la maison, on nous forçait alors à apprendre par cœur une poésie nouvelle à chaque trimestre. Comme nos gouvernantes démissionnaient souvent, le plus simple, lorsqu'une nouvelle entrait en fonctions, c'était de choisir le poème appris le trimestre précédent. Plusieurs fois je m'en suis tirée à bon compte par cette simple ruse. J'aimais tout particulièrement *La Complainte de l'émigrant irlandais**. J'ai toujours les larmes aux yeux en en relisant les premières lignes :

---

* Poème de Lady Helen Selina Dufferin (1807-1867). *(N.d.T.)*

Mary, je suis assis sur l'échalier
Où nous nous étions assis côte à côte,
Par un clair matin de mai, il y a longtemps,
Lorsque tu devins mon épouse.

Aucune anthologie ne reprend plus ces vers sentimentaux et tragiques dédiés à une victime de la famine contrainte de quitter sa maison pour le Nouveau Monde après la mort de sa femme et de leur bébé.

Il me reste encore quatre livres à fourrer dans mon sac de voyage. J'avoue que je sèche. Je pourrais emporter *Le Retour au pays natal* de Thomas Hardy*, mais je pense qu'une telle lecture me donnerait vraiment trop le mal du pays, alors les six autres livres adorés feront l'affaire. Après quoi je devrais de nouveau regarder par la fenêtre du train ou suivre l'exemple de cet ami qui a déjà pris le Transsibérien. Il a déniché un jeu de cartes et fait des réussites pour passer le temps en attendant le retour du samovar.

* 1840-1928. Cet immense écrivain anglais est surtout célèbre en France pour ses romans *Tess d'Urberville* (1891) et *Jude l'Obscur* (1895). *(N.d.T.)*

Ennuis, malentendus, confusion... On ne peut imaginer ce que les gens doivent affronter, et pas seulement en termes de vie mondaine, dans un monde où le mot « étiquette », qui donne la chair de poule, semble toujours en vigueur. (Je pensais qu'il avait disparu avec la guerre ; j'avais tort, comme toujours.) Que de tourments semblent les guetter à chaque heure de la journée !

La plupart de ces malheureux appartiennent à cette catégorie d'Anglais inhibés qui sont incapables d'aborder de front les aspects déplaisants de l'existence. Il serait bien plus facile de dire à quelqu'un qui vous dérange : « Vous sentez mauvais ! » ou : « Pourriez-vous manger d'une manière moins répugnante ? » Mais on nous a élevés en nous interdisant de telles remarques. Alors nous nous jetons sur les conseils de Mary Killen dans *Dear Mary*, car elle sait toujours comment arrondir les angles, quel que soit le problème*.

---

* Londres, HarperCollins, 1993. *(N.d.T.)*

J'éprouve beaucoup de compassion pour certains de ses correspondants, par exemple la malheureuse S.M., du Wiltshire, qui lors d'un dîner fut la voisine du ministre britannique des Affaires étrangères, le *Foreign Secretary*. Elle ne le reconnut pas, lui demanda quel était son métier, n'entendit que le mot *secretary* dans la réponse et passa une bonne partie de la soirée à lui parler de sténographie. Il était trop tard pour demander conseil, j'en ai bien peur.

E.S., qui vit dans l'ouest de Londres et s'est inscrite dans un club de gym de Notting Hill, vit dans la terreur de voir Antonia Fraser* toute nue. Vous devez acheter le livre pour découvrir la réponse inspirée de Mary.

Depuis la disparition du regretté David Cecil**, je ne suis plus confrontée au problème rencontré par C.S., d'Islington, qui demande : « Comment essuyer poliment les postillons que votre interlocuteur vous a envoyés à la figure en parlant avec enthousiasme ? » Je n'ai donc pas pris la peine de lire la réponse.

Je plains le pauvre A.M., de Fonthill, dont l'épouse est frappée de téléphonite aiguë : elle

---

* Née en 1937, cette célèbre biographe est l'épouse de Harold Pinter. *(N.d.T.)* Elle a écrit des ouvrages remarquables sur Marie-Antoinette, Marie Stuart, Cromwell ou encore les femmes d'Henri VIII. *(N.d.T.)*

** 1902-1986. Parent par alliance de l'auteur et écrivain à qui l'on doit des ouvrages de référence sur Thomas Hardy, Walter Scott et surtout Jane Austen. *(N.d.T.)*

adore appeler ses amis vivant à l'autre bout du monde aux heures où les communications sont le plus chères. Si mon père m'avait surprise en train de faire cela, il aurait réagi en administrant le traitement de choc, rapide et violent, recommandé jadis par un certain ministre de l'Intérieur pour des infractions bien précises. Je suppose que l'adorable Mary ne suggérerait jamais rien d'aussi radical, mais je le recommande cordialement à A.M.

L.G., de Ludgershall, voudrait savoir comment empêcher les gens qui viennent chez elle en week-end de voler ses livres. Il s'agit d'une question affreusement difficile, d'autant que les hôtes choisissent les plus intéressants. Tout comme Lord Moyne, notre chère Mary conseille à L.G. de se procurer un stock de petits bristols et de demander à toute personne tentée d'emporter un ouvrage d'inscrire sur une carte son nom, son adresse et la date à laquelle il a fait l'emprunt avant de la déposer à l'endroit précis occupé par le livre sur l'étagère. Pourquoi pas, mais ce sera certainement moins dissuasif que le moyen imaginé par ma sœur Diana lorsqu'elle était mariée à ce même Lord Moyne. On pouvait lire à l'intérieur de chaque volume : « Ce livre a été volé à Brian et Diana Guinness. »

Oublier des noms est une angoisse permanente, et deux lettres évoquent le sujet. D.L., qui réside au sud-ouest de Londres, en souffre énormément. Comme il travaille dans le monde de l'édition et que cela l'oblige, j'imagine, à assister à des fêtes aussi sinistres que les soirées de lancement de livres, il remercie par avance Mary pour ses conseils avisés. En lisant sa lettre, j'ai été moins frappée par le problème posé que par l'affirmation de D.L. selon laquelle « la flatterie et la glorification de l'ego font partie intégrante de [s]on travail ». Comme j'aimerais rencontrer cet individu qui est assurément un oiseau rare dans une profession où patrons et employés semblent tous ignorer le b.a.-ba du savoir-vivre (à l'exception de feu Jock Murray).

L'avantage majeur de la vieillesse, c'est qu'on finit par ne plus se soucier de tous les traquenards décrits dans ces lettres. Autrefois, j'étais aussi vulnérable que quiconque, et je me souviens en particulier d'une soirée terrifiante. Au cours d'un dîner, je me suis retrouvée assise à côté du président Pompidou. Il ne parlait pas un mot d'anglais, et moi pas un mot de français. Cette mauvaise passe amusait beaucoup notre hôte, placé en face de nous. Le chef d'État et moi sommes restés assis à émietter du pain tout en essayant de nous sourire. Chère Mary, où étiez-vous donc ce soir-là ?

Il faut remonter au célèbre livre de Mrs Beeton *Household Management (Comment s'occuper de sa maison)*, daté de 1861 et souvent réédité, pour tomber sur un guide aussi complet que *The National Trust Manual of Housekeeping*, le très officiel guide de la vie domestique signé Sheila Stainton et Hermione Sandwith*. Il est vraiment adapté aux besoins de ceux qui dirigent ce que l'on appelle désormais des demeures historiques**. Grâce à cet ouvrage passionnant, la femme de ménage arrive en deuxième position derrière le conservateur de musée.

Après avoir travaillé plus de cinquante ans dans ce domaine, je frémis encore en pensant au nombre de choses qui peuvent aller de travers. Je réalise parfaitement que certains péchés d'omission engendrent des catastrophes. Le

---

* Londres, Viking, 1984, 1991. *(N.d.T.)*

** Rappelons que le National Trust est un organisme non gouvernemental assurant la conservation de sites et de monuments historiques. *(N.d.T.)*

guide du National Trust vous explique magnifiquement comment – ou plutôt, ce qui est plus important, comment ne pas – restaurer les objets dont vous êtes responsable. Les auteurs décrivent la façon de nettoyer toutes les pièces des caves aux greniers et l'incroyable diversité de tout ce qu'elles peuvent contenir, des maquettes de bateau aux tissus anciens, des trophées de chasse (gros gibier) aux sols de marbre. Les méthodes proposées ont été élaborées par des perfectionnistes à l'usage de perfectionnistes. Surtout pas de hâte et de poussière expédiée sous les tapis ! Tous les gens concernés sont désormais prévenus des conséquences néfastes du manque d'application au travail.

Les maisons furent construites, décorées et meublées selon les désirs des propriétaires qui allaient y vivre. Ces derniers emménageaient avec leur famille, ce qui supposait enfants, chiens, canaris, souris blanches et autres nuisances qui perturbaient les gouvernantes guindées d'antan. Et pourtant ces demeures survivaient, un nombre surprenant d'objets y restaient intacts. Plus vous avancez dans votre lecture, plus vous vous étonnez que quoi que ce soit ait pu en réchapper, et plus vous vous sentez coupable d'occuper la moindre pièce de votre domicile et d'utiliser son mobilier.

Parties de cache-cache, coups de pied dans des boîtes de conserve, catapultes, courses de patins à roulettes, tournois de billard et autres passe-temps de générations successives d'enfants élevés à Chatsworth rendraient folles les auteurs de ce guide. Comment réagiraient-elles en lisant les lignes que le Duc célibataire* consacre à son enfance passée à Hardwick Hall ? « J'avais transformé le coin de la salle à manger où se dresse aujourd'hui le billard en une sorte de ménagerie : un filet de pêche cloué derrière les rideaux retenait lapins, hérissons, écureuils, cochons d'Inde et souris blanches qui furent la joie de ma vie entre huit et douze ans. L'odeur dégagée par ces quadrupèdes et leur régime végétarien était accablante, mais j'eusse été fort surpris si leur séjour avait soulevé la moindre objection. »

Autrefois, les vaillantes femmes de ménage travaillaient au milieu des bousculades familiales, retournant chaque jour d'énormes matelas et transportant de l'eau chaude à l'autre bout de la maison. Elles faisaient un apprentissage long et difficile qui leur enseignait l'essentiel de ce que nous apprenons dans ce livre.

S'aventurer à entretenir les choses les plus simples peut s'avérer redoutable. Si cela devient trop difficile, consultez un expert ! Nous savons que la lumière est le pire ennemi (grand-mère disait toujours que le clair de lune était encore plus dévastateur que le soleil), aussi les stores sont-ils toujours baissés. Nous devons faire attention en outre « à la poussière et aux particules engendrées par la pollution, aux fluctuations de température

---

* Voir note de la p. 56. *(N.d.T.)*

et d'humidité, aux assauts des mites et des vers ». Si l'air est trop sec, mon instinct me conseille d'ouvrir les fenêtres, mais c'est alors que le coléoptère mangeur de tapis s'invite d'un coup d'aile. Après s'être régalé avec les spirées du jardin, il porte son attention sur les tapis d'Axminster. Les oiseaux s'engouffrent également dans la maison, il vous faut donc tendre un filet devant les fenêtres. À Chatsworth, ils choisissent toujours de se soulager sur les plus beaux tableaux. En songeant à ces questions de déjection, j'ai regardé à « Chien » dans l'index du *National Trust Manual of Housekeeping* pour glaner des conseils sur leur inconvénient majeur, mais je n'ai pu trouver que *dog-eared**.

Et que dire de cet autre infâme coléoptère qui raffole du bacon ? Je parie que vous ignorez que ce petit gourmet, qui se voit refuser la nourriture qui lui a donné son nom car on ne prend pas de petit déjeuner dans les maisons appartenant au National Trust, n'aime rien tant que de se gorger de graisse provenant du ventre de votre poisson empaillé favori.

Les maladies font des ravages parmi les objets inanimés. Il existe une maladie du bronze, une maladie de l'étain, la nacre est menacée par une certaine maladie de Bryne. Les minéraux eux non plus ne sont pas toujours bien portants.

* En anglais, l'expression *dog-eared* n'a rien à voir avec le chien (*dog*) ; elle désigne une page « cornée » dans un livre. *(N.d.T.)*

À Chatsworth, les pierres malades ont tellement enflammé l'imagination de ma sœur Nancy qu'elle les a décrites dans l'un de ses livres les plus célèbres, *La Poursuite de l'amour*.

Que de chemin parcouru depuis l'époque où grand-mère faisait le tour des pièces de Hardwick Hall avec un petit maillet, frappant violemment les meubles afin de commotionner les vers du bois !

J'admire beaucoup le National Trust pour avoir instauré de tels niveaux d'exigence. Je sais que ses représentants sont à la hauteur de ce qu'ils recommandent car je les ai vus à l'œuvre. Il ne va pas être facile de suivre leur exemple. Après avoir lu ce guide intimidant, je vais devoir essayer de résister à tout – par exemple renoncer à la compagnie d'enfants exubérants et d'animaux. Mais surtout, je vais veiller sur mon exemplaire avec le plus grand soin.

Sorties et voyages

Quatre des sœurs Mitford en 1967. De gauche à droite : Cecil Beaton, Nancy, Deborah, Pamela, Diana et le duc de Devonshire. (© D.R.)

Diadème offert à sa nièce par le sixième duc de Devonshire pour le couronnement du tsar Alexandre II en 1856. (© AP/Sipa Press.)

Dans ce pays, la plupart des gens roulent à toute vitesse sur des routes bordées par ce même type de murs de pierres qui délimitent les champs. Peu s'arrêtent pour se demander quand et comment ils ont été construits, ou simplement pour prendre conscience de la dextérité de ceux qui les ont élevés.

Cette semaine, la compétition annuelle de la branche Derbyshire de l'Association des constructeurs de murs en pierres sèches s'est déroulée sur une colline venteuse du Peak District. J'y ai emmené l'un des antiquaires les plus respectés de Londres pour lui montrer comment procédaient ces bâtisseurs. Il n'avait jamais rien vu de pareil, ce qui n'est guère étonnant.

« Pour réussir à construire un mur, nous a dit un maître artisan, il faut que vos yeux et vos mains travaillent ensemble : les premiers évaluent la taille et la forme d'une pierre afin qu'elle trouve immédiatement sa place, tandis que les secondes en devinent instinctivement le meilleur emplacement dès qu'elles la soulèvent. Je ne peux rien vous apprendre de plus, le reste est inné. Vous possédez ce don ou vous ne le possédez pas. »

La construction d'un mur est une minileçon d'architecture, depuis la disposition des grosses pierres de soubassement jusqu'à la pose des pierres de couronnement. On n'utilise aucun mortier pour les retenir entre elles. Un mur bâti dans les règles restera debout pendant de très nombreuses années. Il empêchera le bétail de s'enfuir et, en plein hiver, protégera brebis et agneaux des coups de vent, de la pluie et de la neige.

Certains membres de l'Association des constructeurs de murs en pierres sèches sont des maçons professionnels, mais d'autres – et leur nombre ne cesse d'augmenter – sont des hommes et des femmes gagnant leur vie de manière bien différente. Cela va du courtier d'assurances au dentiste. Ces gens montent des murets pour la seule satisfaction de maîtriser une technique difficile aux antipodes de leurs tâches.

« C'est une merveilleuse façon de se relaxer. Cela m'absorbe complètement », m'a confié un médecin.

Tard dans l'après-midi, une fois la compétition terminée, nous avons passé en revue les différents pans de mur – tous plus réussis les uns que les autres, de mon point de vue d'amateur. Mon expert en mobilier du XVIIIe siècle a bien observé ces constructions du XXIe siècle et s'est fait sa propre idée sur la question.

« Premier, deuxième, troisième », me déclara-t-il en pointant ses choix du doigt.

Quand le juge professionnel eut fait le compte des points pour donner les noms des gagnants, les deux verdicts étaient identiques.

La leçon de cette histoire-fleuve est la suivante : si votre œil est exercé à reconnaître la qualité dans une forme d'art, il est souvent capable de la déceler dans un autre domaine. Et la construction de murs en pierres sèches est assurément un art.

J'ai roulé à travers les hauts plateaux de cette belle région de Wharfedale. Je me rendais à une réunion de l'Institut des femmes au cours de laquelle je devais prendre la parole. Cela m'a rappelé – non pas que j'en eusse besoin car, Dieu merci, je vis au milieu de telles personnes – les qualités de cette majorité silencieuse dont l'existence se déroule sans jamais faire la une des journaux, bien qu'elle constitue la colonne vertébrale de notre pays.

Les membres de l'Institut des femmes observent des règles très strictes. Par exemple, elles refusent l'admission d'hommes. Elles réagissent ainsi à la dictature exercée par ces clubs masculins de Londres, comme White's, qui s'opposent toujours fermement à ce que des femmes en fassent partie. Cela me paraît donc justifié.

Mais j'ai entendu dire qu'elles désiraient s'affranchir de l'image « Confiture et *Jérusalem* ». Si tel est bien le cas, elles commettent une grave erreur et vont rater le bus de la nostalgie qui prend chaque jour de la vitesse. Dans toutes les fêtes de charité, le stand qui vend de la nourriture maison est vidé en quelques minutes.

C'est ce que les gens recherchent, alors pourquoi les membres de l'Institut des femmes souhaitent-elles déserter un domaine où elles excellent ? La confiture fait fureur, et pourvu que ça dure longtemps encore ! En ce qui concerne *Jérusalem*, nous chantons cette hymne sans presque réfléchir au sens des mots. L'idée qu'on procure aux membres de l'Institut des femmes lances et chariots de feu – sans oublier les glaives infatigables – me remplit de terreur. Gengis Khan lui-même prendrait la fuite à l'idée d'affronter de telles guerrières.

Je viens juste de rentrer de République d'Irlande où j'ai séjourné au château de Lismore – une demeure que je connais bien puisque cela fait cinquante ans que j'y passe une partie du mois d'avril. Bien sûr, il y a eu de grands changements en un demi-siècle, mais il est rassurant de constater que certaines choses sont immuables et apparaissent toujours en temps et en heure.

L'arrière-arrière-arrière (et plus encore) petit-fils du héron du début des années 1950 s'installe pour pêcher au même endroit et à la même heure que son ancêtre, au bord de la rivière, sous les fenêtres du salon. Un courant d'air familier s'engouffre toujours par le même interstice, car la porte ne s'est jamais fermée correctement. Le cerfeuil sauvage et les châtaigniers fleurissent à date fixe quel que soit le temps. Les anémones des bois, de couleur bleue, poussent sous les chênes. Il existe encore des écureuils rouges dans les ifs les plus hauts que j'aie jamais vus.

La naissance, tout en lenteur, du printemps irlandais est toujours aussi agréable ; le phénomène commence plus tôt et dure plus longtemps que sur l'île voisine, à l'est. Le climat local est tel qu'il n'existe guère de différences entre l'hiver et l'été.

Des amis qui visitaient la région sont arrivés de la côte ouest et m'ont dit que les hôtels et les restaurants s'étaient grandement améliorés. Jusque très récemment, Kenmare, dans le comté de Kerry, n'était qu'un coin désertique dès lors que l'on souhaitait manger quelque chose de plus sophistiqué qu'un sandwich au jambon ; on y trouve désormais deux restaurants, l'un avec une étoile au Michelin. Vous pouvez séjourner à Bantry House en compagnie des descendants de la famille qui construisit l'édifice dans les années 1720, et admirer longuement la vue époustouflante qui s'étend de Bantry Bay à Whiddy Island. Cela doit être le seul *bed and breakfast* au monde dont le mobilier du salon et les tapisseries ont appartenu à Marie-Antoinette !

Le Pays-où-l'on-vous-souhaite-la-bienvenue-cent-mille-fois n'offre peut-être pas de soleil ou de neige (pas assez en tout cas pour les sports de glisse), et la mer est trop froide pour qu'on s'y amuse, mais la beauté de la campagne, où histoire et mystère sont omniprésents, ainsi que la qualité des hôtels enchantent les gens qui, comme moi, éprouvent l'irrépressible besoin d'y retourner encore et encore. Chaque année, la beauté et l'atmosphère du lieu m'accompagnent longtemps après mon départ d'Irlande. Là-bas, les journaux sont une source de plaisir permanente. Leurs illustrations et leurs gros titres commentent l'actualité avec un sens du raccourci que je préfère de loin à ce que proposent leurs équivalents anglais. On peut faire confiance au *Cork Examiner* pour publier des titres accrocheurs du genre UNE SOURIS DANS UNE BOUTEILLE DE BIÈRE BRUNE ou UNE HABITANTE DE KERRY RETROUVÉE MORTE DANS UN ÉGOUT. Il est inutile de développer pour que le lecteur comprenne ce qui s'est passé. LES ÉPOUSES POURRAIENT OBTENIR DES INDEMNITÉS DENTAIRES *(Irish Times)* évoque immédiatement des maris chanceux qui se fendent la bouche en un large sourire afin d'exhiber des dents ravissantes et nouvellement refaites, tandis que leurs femmes n'osent pas sourire (même si elles en ont envie), car ce qu'elles auraient à montrer serait dégoûtant à voir.

RIEN N'A ÉTÉ DÉCIDÉ, écrit un journaliste du comté de Kerry pour résumer l'activité des administrateurs d'un hôpital, tandis que le *Dungarvan Leader* rappelle une question fondamentale que nous avons tous dû nous poser à un moment ou à un autre, en écrivant : « SUIS-JE VRAIMENT LÀ ? » DEMANDE UN CONSEILLER DU COMTÉ DE WATERFORD. Même *Horse and Hound (Chevaux et meutes)*, le magazine de référence des Sloane Rangers*, fait mouche lorsque son correspondant irlandais intitule sa rubrique : COMMENT AIDER LES FERMIERS À SE RÉCONCILIER AVEC LA REPRODUCTION.

---

* Les BCBG anglais, qui considèrent le quartier très résidentiel de Sloane Square, à Londres, comme le centre du monde. *(N.d.T.)*

Je suis allée en Amérique et je m'y suis beaucoup amusée, mais on y parle une langue qu'il m'est de plus en plus difficile de comprendre. Une annonce parue dans le *Wall Street Journal* était libellée ainsi : « Besoin coup de main pour savoir quand ouvrir un Roth IRA [compte d'épargne retraite] ? » Je devrais en faire autant, et je suis sûre que vous êtes également concerné.

La presse vient juste de s'emparer du petit embarras intime du président Clinton, ce qui nous vaut des lignes mémorables : « *Miss Lewinsky lied and lied again**... »

Mrs Goldberg, l'agent littéraire de Linda Tripp**, aurait déclaré : « Je lui ai dit que la nuit portait conseil. Ça ne se fait pas, entre dames, d'enregistrer ses conversations. » Je suis d'accord avec Mrs Goldberg, mais je sais bien que je suis vieux jeu.

---

* Jeu de mots intraduisible en français. Le verbe *to lie* a deux sens : « mentir » et « être couché ». *(N.d.T.)*

** Celle-là même qui a enregistré les confessions de Monica Lewinsky sur ses relations avec le président. *(N.d.T.)*

Je devais donner des conférences. Tel était le but de ce voyage aux États-Unis. À Los Angeles, j'ai parlé avec fougue de Hardwick Hall* devant un auditoire délicieux, qui a écouté poliment l'histoire de cette maison extraordinaire. Puis j'ai rencontré quelques-unes des personnes présentes afin de préciser certains détails. Quelqu'un m'a demandé si Hardwick Hall était « équipée ». N'étant pas certaine du sens de la question, j'ai répondu que non au cas où mon interlocutrice aurait l'intention de s'y rendre l'été suivant avec l'espoir d'y trouver masseurs, piscine et coiffeur.

Beaucoup de mes auditeurs étaient des lecteurs zélés des ouvrages écrits par mes sœurs Nancy et Jessica, et ils désiraient en savoir plus sur le placard des Honorables**. Une femme à l'air triste m'a demandé si l'on m'avait refusé toute possibilité de faire des études.

« J'en ai bien peur, ai-je répliqué.

– Et votre père, Lord Rubinstein***... »

---

* Belle demeure élisabéthaine construite à l'initiative de Bess de Hardwick par l'architecte Robert Smythson entre 1591 et 1597. La maison entra dans la famille Cavendish lorsque sa propriétaire épousa Sir William Cavendish, puis fut cédée à l'État en 1950 à la mort du dixième duc de Devonshire, ce qui permit d'alléger les droits de succession. *(N.d.T.)*

** Référence à deux romans de Nancy Mitford, *La Poursuite de l'amour* (1945) et *L'Amour dans un climat froid* (1949), où, rappelons-le, les sœurs Radlett se retrouvent dans un placard pour des réunions secrètes. *(N.d.T.)*

*** Rappelons que le père des sœurs Mitford était Lord Redesdale. *(N.d.T.)*

Personne ne m'avait dit combien la campagne était ravissante dans les environs de Los Angeles. Les vallées escarpées et les jardins impeccables ont un charme fou, mais on n'y voit jamais personne. Je me suis demandé si l'on avait le droit de se promener en ces lieux. Personne n'en savait rien.

J'ai été ébahie en découvrant le jardin de la Huntington Library. On y trouve aussi bien des cactus du désert plantés en rangs serrés que des camélias dont les feuilles sont aussi brillantes que dans les brumes irlandaises. Comment cela est-il possible ?

À Pasadena il y a un salon de thé tenu par des expatriés. C'est le Rose Tree Cottage. L'endroit a tant de succès que vous devez réserver pour le thé, servi deux fois par jour, que vous prendrez entouré de porcelaines de Derby, de pots de marmelade et de tableaux représentant le château de Windsor.

En visitant le nouveau musée Getty, j'ai été moins impressionnée par les bâtiments et les merveilles exposées que par la vision inoubliable de John Walsh, le directeur, en train de tenir ouverte une porte battante pendant un temps interminable afin de laisser entrer un flot de gens de toutes formes, tailles et couleurs qui ignoraient tout de son identité. Messieurs les directeurs de musée, veuillez, s'il vous plaît, en prendre note !

Un bal costumé ne dure que quelques heures. On peut se déguiser dans d'autres circonstances, si l'on se produit dans une pièce de théâtre, un ballet ou un opéra, mais alors on remontera sur scène soir après soir, tandis qu'un bal est aussi éphémère qu'un rêve.

Et pourtant, après avoir accepté l'invitation, des adultes sérieux vont devoir affronter d'immenses difficultés et endurer souvent un manque de confort extrême pour apparaître, l'espace d'une seule et unique nuit, dans le costume du personnage qu'ils ont choisi d'incarner. Mais l'enthousiasme est contagieux et les contrariétés seront balayées par l'esprit de compétition qui aiguillonne les invités.

Le bal costumé des Devonshire qui fut donné en l'honneur du jubilé de diamant de la reine Victoria en 1897 est devenu légendaire par son faste et son originalité. À l'époque, il y avait bal à Londres trois ou quatre fois par semaine en mai, juin et juillet dans les hôtels particuliers aujourd'hui disparus de Mayfair et de Kensington, aussi fallait-il organiser une fête vraiment très originale pour éveiller un tant soit peu la curiosité des convives.

Le bal costumé de la duchesse de Devonshire fut vraiment une fête très singulière. Le duc avait soixante-quatre ans en 1897. Il avait en charge l'Éducation et la Défense dans le gouvernement de Lord Salisbury. Personne n'aurait pu l'accuser de frivolité et sa conception d'une soirée agréable consistait à jouer au bridge en compagnie de son épouse et de quelques vieux amis. On ne peut imaginer combien il a dû gémir et soupirer à la perspective de ce bal du 2 juillet 1897, mais il entra dans le jeu pour faire plaisir à sa Louise adorée.

Secrètement, les Anglais aiment peut-être se déguiser. En faisant semblant d'incarner quelqu'un d'autre, ils perdent peut-être ainsi cette gêne qui empoisonne l'existence de beaucoup d'entre eux. Le plus drôle, c'est que dans toutes les cérémonies organisées à Londres – militaires, religieuses, universitaires ou politiques – ce sont les hommes qui se déguisent. Ils portent des plumes de coq et de la zibeline, de l'hermine et des épées, de la dentelle et des bas de soie. Ils vont même jusqu'à défiler dans les rues en tenant de petits bouquets de fleurs tandis que leurs femmes se fondent dans le paysage telles des faisanes dans les fougères.

Par bonheur pour la postérité, les invités des Devonshire acceptèrent tous la corvée de poser devant l'objectif. Les photos furent rassemblées dans l'album que firent éditer les amis de l'hôtesse. Les visages impassibles nous rappellent qu'à l'époque les temps de pose étaient très longs. On se rend compte que les critères de beauté ont vraiment évolué quand on regarde toutes ces femmes. À quelques exceptions près – citons seulement les éblouissantes duchesses de Portland et de Marlborough –, il nous est difficile d'imaginer qu'elles furent certainement des briseuses de cœurs. On nous pardonnera le fait de risquer la question suivante : possédaient-elles seulement un cœur, ou un quelconque autre organe ? Elles sont si raides en effet pour pouvoir poser qu'elles semblent des personnages de bois, voire de béton...

Il fallut attendre cinquante-quatre ans avant qu'un bal costumé d'une importance comparable à celui des Devonshire soit à nouveau donné. De bien des manières, les circonstances furent à peu près les mêmes. On en parla beaucoup auparavant, et les gens qui n'étaient pas invités furent éperdument jaloux de ceux qui l'étaient. Il y eut des entrées orchestrées par des décorateurs de théâtre professionnels qui furent tout aussi déterminés à se surpasser les uns les autres que l'avaient été en leur temps les responsables des « processions » chez les Devonshire.

La seule différence ? Les invités arrivèrent en gondole et non en carrosse, car le bal était donné à Venise pour fêter la résurrection du palais Labia. Cette fête fut organisée le 3 septembre 1951 par un hôte généreux, Charles de Beistegui, et avec Andrew je fus assez chanceuse pour y être conviée.

J'en ai gardé plusieurs images en mémoire. Je me souviens de Jacques Fath*, grand couturier parisien ; il portait une coiffe en plumes d'autruche aussi grande que lui. Je me rappelle l'arrivée de Daisy Fellowes**, bien connue pour son chic et régulièrement élue femme la plus élégante du monde par les Américains. Elle apparut déguisée en « allégorie de l'Amérique au XVIIIe siècle », d'après la fresque de Tiepolo qui orne le mur de l'escalier de la résidence du prince-évêque de Wurzbourg. Il y avait incontestablement un je-ne-sais-quoi de peau-rouge dans son entrée, et son page avait été teint en marron de la tête aux pieds. Sa robe était une immense corolle de mousseline de soie – flots de tissu avec ce motif léopard qui allait devenir à la mode et qui fait toujours fureur.

Au palais Labia, une fresque de Tiepolo représente Antoine et Cléopâtre. Tant de femmes menacèrent d'incarner la reine d'Égypte que notre hôte, sentant qu'il allait y avoir du vilain, pensa qu'il était préférable de trancher la question lui-même en décidant que Diana Cooper***

---

* 1912-1954. Il habilla les plus grandes stars, dont Greta Garbo, Ava Gardner et Rita Hayworth. *(N.d.T.)*

** 1887-1962. Arbitre des élégances américaine célèbre pour son esprit sarcastique. *(N.d.T.)*

*** 1892-1986. Cette épouse d'un ambassadeur de Grande-Bretagne en France fut une célèbre excentrique et une beauté légendaire. *(N.d.T.)*

aurait le rôle. Celle-ci eut plus de chance que Mrs Hwfa Williams ; cette Américaine qui venait de perdre son mari avait consacré sa vie aux mondanités, mais elle fut dans l'impossibilité d'assister au bal car elle devait observer un deuil très strict.

Charles de Beistegui fit plus de zèle que les Devonshire en 1897. Il offrit du vin, de la nourriture et des divertissements aux citoyens de Venise sur le *campo* devant son palais, et je connais au moins un Français de noble extraction qui pensait qu'il aurait dû être invité au bal mais qui s'amusa énormément au beau milieu de cette foule escaladant des mâts pour décrocher poulets et jambons.

Dans les années 1930, mes sœurs avaient l'habitude d'assister à un tout autre genre de bal, celui des Arts de Chelsea, organisé au Royal Albert Hall le soir de la Saint-Sylvestre. Une fois de retour à la maison, elles nous racontaient des histoires palpitantes sur la conduite déchaînée et les costumes osés des participants.

Mon bal costumé préféré eut lieu pendant le carnaval de Rio au début des années 1950. Venus d'un autre pays d'Amérique du Sud, les membres d'une équipe de polo déguisés en gouvernantes anglaises firent leur apparition dans un restaurant chic. Ces beaux athlètes portaient de petites robes toutes simples en *crêpe de chine** bleu marine à col blanc et des chapeaux de paille posés bien droits sur leurs têtes. Ils arboraient en outre des boucles d'oreilles en jade et des colliers, des gants de dentelle noire et de petits sacs à main blancs.

Il n'y avait rien eu d'aussi simple et d'aussi amusant au bal donné par les Devonshire en 1897.

ÉPILOGUE

À quoi servent les diadèmes ? Ils apportent une touche finale à votre plus belle robe du soir, permettent aux femmes de répondre à l'habit et aux décorations de l'homme, et aux joailliers d'atteindre le sommet de leur art.

Avant la Deuxième Guerre mondiale, les épouses portaient des diadèmes lors de tous les grands bals londoniens. Au cours des années 1960, à l'occasion d'une soirée dansante élégante, il était encore assez fréquent de pouvoir en contempler. Je me souviens d'être allée seule à l'une de ces réceptions ; pleine d'une assurance inaccoutumée, j'étais coiffée du diadème d'apparat de la famille (les Devonshire en possèdent deux). L'effet produit devait sembler assez étrange, car ma robe de coton et de *dentelle anglaise** faite maison n'était décidément pas à la hauteur d'un tel joyau.

À la fin de la soirée, j'ai tout naturellement cherché un taxi. L'idée qu'il aurait pu être dangereux de me retrouver seule dans la rue avec une rivière de diamants autour du cou et mille neuf cents autres, plus étincelants encore, sur la tête ne m'avait jamais traversé l'esprit. À l'époque, même si Helen, duchesse de Northumberland, s'était fait arracher son diadème alors qu'elle quittait son domicile d'Eaton Square, nous ne nous disions jamais que quelqu'un allait peut-être nous agresser (je crois bien que ce verbe n'existait même pas). Ma belle-mère, Mary Devonshire, dame d'atour de la reine entre 1953 et 1967, conservait certes de précieux bijoux dans un coffre de banque, mais quand elle partait les chercher elle ne se munissait que d'un grand sac en plastique de Marks & Spencer.

Sa propre belle-mère, Evelyne, était devenue dame d'atour de la reine Mary en 1910, et l'était restée pendant quarante-trois ans. Toutes deux avaient dû porter – et supporter – leurs diadèmes pendant des soirées interminables.

Après une réception particulièrement longue, on avait entendu Evelyne faire la remarque suivante :

« Sa Majesté se plaint du poids de son diadème... mais la reine *ignore* ce qu'est vraiment un diadème lourd. »

Elle savait de quoi elle parlait. Le plus gros des deux diadèmes en diamants de la famille Devonshire est vraiment très gros. Il a été créé en 1893 pour Louise, l'épouse du huitième duc.

L'autre est un curieux mélange de camées et d'intailles remontant à l'Antiquité ou à la Renaissance, de rubis, de saphirs et de pierres semi-précieuses – cornaline, onyx, améthyste et grenat –, le tout serti d'une façon exquise par les ateliers du joaillier londonien C.F. Hancock. Ce chef-d'œuvre fut commandé par le sixième duc de Devonshire, le Duc célibataire, pour sa nièce, la comtesse Granville, à l'occasion du couronnement du tsar Alexandre II en 1856. Ce diadème, tout comme le collier, le pectoral et le bracelet assortis, vous donne des sensations de picotement lorsque vous le portez. Je le sais pour avoir utilisé la panoplie complète à l'occasion d'une pantomime organisée dernièrement à Chatsworth par l'Institut des femmes : on m'avait confié le rôle de la plus vieille Miss Monde du monde.

Dans les années 1930, votre diadème était une sorte de carte d'identité. On reconnaissait le visage qui était en dessous grâce au casque de diamants, de rubis, d'émeraudes, de saphirs et de perles qui scintillait au-dessus. Le diadème était tantôt menaçant, hérissé de pointes et inébranlable, tantôt délicieusement floral ; certains se dressaient comme les grilles d'un pensionnat de jeunes filles, d'autres n'étaient que d'humbles demi-cercles perdus dans les vagues de cheveux permanentés.

Observer un diadème, c'était un peu comme identifier des gens dans une foule à la campagne grâce à leurs chiens. Nous aurions été bien embrouillés si toutes ces femmes avaient fait un échange, si la duchesse de Northumberland avait porté le diadème de Lady Astor, et Lady Londonderry celui de la duchesse de Buccleuch.

Certains étaient particulièrement inoubliables. Le marquis de Waterford, un pair irlandais dont la famille a toujours été folle de chasse au renard, possède une petite couronne des années 1860 ornée de dents de cet animal – incisives et canines se dressant bien droites. Néanmoins, Lady Waterford m'a confié qu'elle osait rarement le porter.

Certains de ces diadèmes peuvent s'avérer des armes redoutables. J'ai vu un jour deux femmes se disputer, la tête hérissée de pointes étincelantes de diamants ; elles ressemblaient de manière frappante à deux cerfs sur le point de s'affronter à l'époque des amours. Un soir, dans les années 1930, le sixième duc de Portland était en train de parler à sa ravissante épouse, Winnie, tandis qu'elle se préparait pour un bal. Il alla s'asseoir sur une chaise, mais le diadème en diamants de sa femme y trônait déjà et le duc fit un bond après s'être empalé sur les pointes de platine. Le bijou fut irrémédiablement endommagé.

« Oh ! ce n'est pas grave, déclara Winnie, nullement contrariée par cette blessure mal placée. Je vais mettre l'autre. »

La reine Mary portait ses diadèmes comme elle portait ses toques : ils faisaient partie d'elle-même. À son époque, où maintien compassé et codes d'habillement très stricts étaient de rigueur, elle en portait un quand elle dînait en tête à tête avec son mari, le roi George V, qui de son côté arborait aussi fièrement le ruban de l'ordre de la Jarretière.

Aujourd'hui, bien que les diadèmes royaux, certains d'une splendeur extraordinaire, nous paraissent familiers car ils sont souvent photographiés, la plupart des bijoux « de famille » des moindres mortels dorment dans des coffres de banque, et on les aère rarement. Comme pour la plupart des héritages en Angleterre, les joyaux appartiennent aux hommes et sont portés par leurs épouses – bien que, si les choses continuent ainsi, je voie venir le jour où ce sera le contraire. Ces femmes sont bien trop occupées à veiller sur des maris difficiles et sur leurs animaux pour prendre la peine de faire nettoyer leurs diamants. Il est vrai que les pairesses du XXIe siècle sont bien plus heureuses chaussées de bottes et qu'elles boudent les salons de coiffure.

Même dans le cercle de la famille royale le diadème devient obsolète. J'aurais dû le savoir lorsque nous avons séjourné dernièrement au château de Windsor à l'occasion d'un bal donné par la reine. Soirée mémorable ! Je suis descendue pour le dîner coiffée du diadème d'apparat des Devonshire, convaincue que notre hôtesse et ses autres invitées feraient de même. À ma grande horreur, aucune des autres femmes ne portait le sien. Il est bien pire d'être trop habillée que pas assez, et j'ai attendu la fin du repas en souhaitant me trouver n'importe où ailleurs.

Quand le bal a commencé, j'ai retiré le diadème, l'ai déposé sous une chaise puis me suis énormément amusée. Je suppose que Windsor est la seule maison au monde où vous pouvez être certaine de retrouver à sa place votre cher diadème à l'heure du coucher.

TABLE DES MATIÈRES

Achevé d'imprimer par Corlet, Imprimeur, S.A. - 14110 Condé-sur-Noireau
N° d'Imprimeur : 91320 - Dépôt légal : mars 2006 - *Imprimé en France*